규칙을 중시하고 독립심을 키우는
독일 엄마의 힘

규칙을 중시하고 독립심을 키우는
독일 엄마의 힘

박성숙 지음

황소북스

......
20여 년 동안 가까이에서 지켜본 독일 엄마들의 자녀교육 이야기를 한국 엄마들과 나누고자 이 책을 썼다. 모쪼록 이 책을 읽는 독자들이 눈앞에 보이는 성적보다 먼 미래를 내다보며 자녀를 키우는 독일 엄마들의 교육 방식을 한 번쯤 생각해보았으면 좋겠다.

📖 작가의 글

규칙을 중시하고 독립심을 키워주는 독일 엄마에게 배워야 할 것들

104명의 노벨상 수상자를 배출한 독일인의 저력은 어디에서 나온 것일까? 두 아이를 독일에서 키우며 자주 들었던 의문이다. 한국식 교육을 받고 자란 엄마가 독일에서 아이들을 키우다 보니 시행착오를 반복할 수밖에 없었고, 그런 과정을 통해 독일 교육의 저력은 결국 엄마 교육에서 출발한다는 사실을 조금씩 깨달았다.

독일 엄마들은 자녀를 키울 때 경쟁에서 이기는 것보다 공동체의 삶에 꼭 필요한 가치를 가르치는 데 정성을 쏟는다. 또한 그 나이 또래의 아이들이 누릴 수 있는 것을 최대한 허락한다. 유아기에는 한없는 사랑을 쏟아붓고, 유치원에 다닐 때는 뛰어노는 자유를 최고로 생각한다. 그리고 초등학교에 들어가면 공동체의 규칙과 규율을 습득하는 교육을 가장 중시한다. 중·고등학교 때는 사회인이 되기 위한 준비 단계로, 다양한 경험과 지식은 물론 독립심을 키워주려 애쓴다. 대학에 진학하든 직업 교육을 시작하든 중·고등학교를 졸업하면 자식을 독립된 한 인간으로 인정하고 완전히 놓아주기 위해 노력한다.

나의 전작 《독일 교육 이야기》와 《독일 교육 두 번째 이야기》를 읽은 한국 부모들로부터 독일의 교육이 부럽다는 이야기를 많이 들었다. 그런데 거기에 반드시 따라오는 질문이 있었다. "아이를 독일에서 교육시키고 싶은데 어떻게 하면 조기 유학을 갈 수 있을까요?" 이런 질문을 받을 때마다 독일 교육을 소개하고자 했던 나의 판단이 잘못된 것은 아니었나 하고 곰곰이 생각해본다. 정글에서 벗어날 길을 찾을 수 없는 부모들에게 오히려 허탈감만 안겨준 것은 아닌지 걱정이 되기도 했다. 나의 독일 교육 이야기들은 한국 교육이 나아갈 길에 작은 보탬이 되고자 함이었지 결코 조기 유학을 권장하기 위해서는 아니었기 때문이다.

내가 두 아이를 키우며 경험한 독일 교육은 한국과 많이 달랐다. 교육에 관한 한 내게는 신세계였다. 그러나 조기 유학을 문의하는 사람들에게 나는 한결같이 "유학 보내지 마세요"라고 대답해주었다. 제도보다 더 중요한 무엇이 있다고 생각했기 때문이다.

"국가의 교육 제도가 한 인간의 삶을 얼마나 바꿀 수 있다고 생각하는가?" 누군가가 내게 이렇게 묻는다면 아마 "바꾸기 쉽지 않다"는 부정적인 대답을 내놓을 것이다. 국가 차원의 교육은 사람들의 생각을 제도가 지향하는 이상적 방향으로 유도하는 데 작은 영향을 줄 수 있을지라도, 결코 개인의 삶을 완전히 바꿀 정도의 변화를 이끌어낼 수는 없다고 생각한다. 한 인간이 태어나서 죽을 때까지 갖는 생각과 생활 태도, 이상과 꿈은 부모로부터 물려받은 유산이라고 믿기 때문이다. 그중에서도 어머니의 양육 태도는 자녀의 전 인생을 지배한다고 해도 과언이 아닐 정도로 중요하다.

내 두 아이는 독일에서 유치원부터 초·중·고등학교를 거쳐 대학까지 다니고 있다. 교육의 전 과정을 독일에서 받으며 자랐지만 그 애들은 독일 사람이 아닌 엄연한 한국인이다. 한국어보다는 독일어가 유창하지만 사고방식은 분명 독일 아이들과 차이가 있다. 정확히 말하면 독일에서 한국 엄마가 키운 독일 문화를 잘 알고 있는 한국인이라고 해야 맞을 것 같다.

그 때문에 조기 유학을 반대하는 것이다. 엄마의 양육 태도와 교육관이 그대로인 상태에서 장소만 옮긴다고 획기적인 변화가 일어나는 것은 결코 아니다. 실제로 이런 오판으로 낭패를 본 사례를 많이 접했다.

20여 년 동안 가까이에서 지켜본 독일 엄마들의 자녀교육 이야기를 한국 엄마들과 나누고자 이 책을 썼다. 모쪼록 이 책을 읽는 독자들이 눈앞에 보이는 성적보다 먼 미래를 내다보며 자녀를 키우는 독일 엄마들의 교육 방식을 한 번쯤 생각해보았으면 좋겠다.

독일 아헨에서
박성숙

| 목차 |

작가의 글

1부 독일 육아에 대해 궁금한 9가지
01 독일에서 신생아 출산율 최고를 경신한 이유는? • 13
02 생후 4일 된 아기와 함께 외출을 한다? • 16
03 독일 아이들의 첫 간식은 무미건조하다? • 21
04 독일 엄마의 모유 수유는 의무이다? • 27
05 3세 이하 영유아는 보육원에 맡기지 말라고요? • 30
06 독일 엄마가 잠드는 아이에게 책을 읽어주는 이유는? • 33
07 독일 학교에서 학부모 회의를 밤 8시에 하는 이유는? • 38
08 독일 엄마는 1년 동안 크리스마스 선물을 준비한다? • 41
09 사랑은 많이 주되 아이를 놓아주라고요? • 45

2부 글로벌 인재를 키우는 독일 엄마들의 자녀교육법
10 공동체의 규칙과 예의를 중시하는 가정 교육 • 53
11 대화와 협상에 익숙한 아이로 키우기 • 57
12 독일 부모가 몬테소리 학교를 찾는 이유 • 60
13 메르켈 총리를 키운 독일의 가장 자랑스러운 어머니 • 63
14 아이를 장사꾼으로 키우는 독일 엄마 • 68
15 인내보다는 솔직한 표현을 가르친다 • 73
16 지갑을 따로 여는 엄마와 딸 • 77
17 눈치 빠른 아이로 키우기 • 81
18 독일 엄마가 아이를 가장 심하게 꾸중할 때 • 86
19 편견 없이 이혼 가족을 바라보는 사회 • 89

3부 독립적인 아이로 키우는 독일 엄마의 지혜로운 교육법
20 학교 가는 법을 가르치는 엄마들 • 97
21 어릴 때부터 용돈 쓰는 법을 배우는 아이들 • 100
22 미래의 행복을 위해 오늘 중요한 일을 포기시키지 않는 독일 엄마 • 105
23 1년 365일 어린이를 상전으로 모시는 나라 • 109
24 수영과 자전거는 자녀교육의 필수 코스 • 113
25 어린이 소음은 어른에게 요구되는 톨레랑스 • 116
26 식사 예절을 세련된 의식으로 교육시키는 독일 엄마 • 119
27 만 3세 이상 아이가 유치원에 가면 일자리를 찾는 독일 엄마 • 125
28 자식에게 올인하지 않는 독일 엄마 • 131

4부 104명의 노벨상 수상자를 배출한 독일 엄마의 교육법
29 독일 부모의 일부러 숙제 틀리게 봐주기 • 139
30 초등학교 입학을 위한 학교 전문의 진단 • 145
31 선행 학습은 교사의 수업권과 학생의 학습권을 동시에 침해하는 행위 • 151
32 독일 엄마의 교육 목표는 대학 진학이 아니다 • 155
33 중산층 부모가 중요하게 생각하는 자녀교육 4가지 • 158
34 104명의 노벨상 수상자를 배출한 독일 엄마의 교육법 • 163
35 독일 엄마에게 선물과 촌지의 경계는? • 167
36 아이의 교육은 전적으로 학교와 교사에게 맡기는 독일 엄마 • 172
37 독일의 사교육은 보충 학습이 필요한 아이들이 한다 • 177
38 대학 진학보다 직업 학교를 권하는 독일 엄마 • 182
39 '학군 좋은 동네'라는 말이 없는 독일 • 186

5부 특별한 독일식 교육 문화가 강한 나라를 만든다
40 소비를 독립 과목으로 배운다 • 193
41 개구리헤엄부터 배우는 생존 수영 교육 • 196
42 학교에서 배우는 실생활 교육 • 199
43 독일의 성공한 복식 학급 • 202
44 방학 티켓 하나로 어디서든 • 205
45 독일의 6학년 성교육, "남자와 잤어요." • 208
46 수학여행 전문 여행지 '슐란트하임' • 212
47 '숙제 없는 학교' 독일교육상 수상 • 215
48 중고교의 심폐소생술 교육 의무화 • 219
49 자전거 친화 학교 • 223
50 중등학교부터 창업 교육 실시 • 227
51 대입과 취업을 동시에, 증가하는 이원제 대학 • 230
52 미래 학교는 첨단 기술보다 가치관 교육에 중점 • 233
53 위기 상황 대처 교육 • 236

The Power of German Mother

1부
독일 육아에 대해 궁금한 9가지

······

　　독일 엄마들도 여느 한국 엄마들처럼 아이를 키우면서 걱정이 많은 것은 마찬가지다. 그러다 보니 잔소리를 할 수밖에 없는 것 같다. 그런데 우리의 잔소리와는 방향이 약간 다르다. 대부분 공동체의 일원으로 무난하게 살아가는 데 필요한 윤리 의식이나 생활 습관 등을 키워주기 위한 잔소리지. 성적을 올리라거나 학습 태도를 바르게 하라는 등의 잔소리는 상대적으로 적은 편인 것 같다.

독일에서 신생아 출산율 최고를 경신한 이유는?

01

해를 거듭할수록 한국은 저출산 문제로 인한 위기의식 속에서 빠져나오지 못한 채 대책 마련에 고심하고 있다. 그러나 최근 독일은 출산율이 눈에 띄게 증가하는 현상에 고무된 모습이다. 언론은 연일 "작은 베이비붐 시대가 도래했다"며 자축의 기사를 쏟아내고 있다.

독일도 지난 30여 년간 저출산이라는, 선진국 진입의 통과 의례를 혹독하게 치렀다. 수년 전까지만 해도 "여성들이 출산을 원치 않아 인구가 줄어들고 있다"며 인구 감소 현상을 해결하기 쉽지 않은 중요한 사회 문제로 자주 거론했다.

그러나 연방 통계청 발표에 의하면 최근 10년 동안 신생아 출산율이 가장 많이 증가했고, 이러한 획기적 증가율은 1960~1970년대 베이비붐 시대 이후 처음 있는 일이라고 한다. 지난 2016년에는 33년 만에 신생아 출산율 최고치를 경신하면서 출산율 그래프가 출렁이는 모습까지 보였다.

15세부터 45세까지 출산 가능 연령의 여성이 매해 30만 명씩 줄어들고 있는 추세라는 사실을 감안하면 엄청난 증가세로 볼 수 있다. 꾸준히 감소하던 출산율이 왜 갑자기 이렇게 늘어난 것일까? 선진국들의 공통적인 고민거리인 출산율 감소를 독일은 어떻게 극복했을까? 전문가들은 그 이유를 여러 측면에서 분석하고 있다.

어떤 이들은 개인주의가 퇴색하고 가족의 가치를 중시하는 시대가 오고 있다고 주장한다. 특히 독일의 미래학자들이 이런 주장에 앞장서고 있다. 요컨대 가정 교육과 학교 교육을 통해 끊임없이 강화된 사회성과 공동체 의식이 사회의 가장 작은 단위인 가정으로까지 연결되고 있다는 것이다.

그러나 독일 출생률 증가의 직접적 요인은 복지 정책 덕분이라는 것이 많은 사람들의 공통된 생각이다. 보육 수당인 킨더겔트(Kindergeld)와 함께 유아원 시설의 증가, 아버지의 출산 휴가인 패터모나트(vätermonat) 신설, 육아 수당인 엘터른겔트(Elterngeld)의 증가 등 기존 복지 정책과 함께 10년 전부터 새롭게 시행한 가족부의 정책이 결정적 역할을 했다는 것이다.

독일은 지난 2007년부터 기존의 육아 수당인 엘터른겔트를 대폭 확대 운영해 자녀를 출산함으로써 발생할 수 있는 경제적 부담을 최소화하기 위해 노력해왔다. 엘터른겔트는 출산 후 부부 중 한 사람이 1년 동안 출산 휴가를 낼 때, 출산 전 평균 임금의 65퍼센트부터 저소득층일 경우 100퍼센트까지 정부에서 보조해주는 제도다. 저임금 노동자의 경우 수입의 100퍼센트를 그대로 지급받아 육아 휴직 상태에서도 경제적 타격을 입지 않을 수 있다.

여기에 저소득층을 위한 자녀 보조금인 킨더주슐락(Kinderzuschlag) 제도도 병행하고 있다. 부부 합산 월 900유로 미만인 저소득 가정은 엘터른겔트와 별도로 170유로까지 킨더주슐락을 신청할 수 있다. 형제자매가 있는 경우에는 보너스로 75유로를 더 받는다.

육아 수당을 받으면서 주당 30시간 이내의 시간제 아르바이트도 허용된다. 이럴 경우에는 엘터른겔트플루스(Elterngeld plus)란 육아 수당을 신청할 수 있다. 엘터른겔트플루스는 출산 전 수입에서 출산 후 수입을 뺀 차액을 65퍼센트에서 100퍼센트까지 지급받을 수 있다.

아울러 어린이 수당인 킨더겔트 또한 인구 증가에 한몫한다. 독일의 보편적 복지 중 하나인 킨더겔트는 고소득층이든 저소득층이든 수입에 관계없이 자녀를 키우는 모든 가정에 지급한다. 첫째와 둘째 아이까지는 한 달에 한 자녀당 188유로, 셋째는 194유로, 넷째는 219유로를 자녀가 25세가 될 때까지 지급받는다. 4명의 자녀를 키우는 가정의 경우 킨더겔트만 매달 789유로를 받는다는 얘기다. 특별히 사교육 부담이 없는 독일에서는 자녀 양육에 실질적으로 도움을 줄 수 있는 금액이다.

결국 고소득 가정의 경우 출산하고 육아 휴직을 하는 기간에는 수입이 약간 줄어들 수 있지만, 저소득층은 출산과 함께 자녀로 인해 수입이 증가하는 현상을 맞게 되는 것이다. 자녀 양육으로 인한 경제적 부담을 최소화함으로써 출산을 장려하는 독일 정부의 노력이 엿보이는 대목이다.

생후 4일 된 아기와 함께 외출을 한다?
02

작은아이가 유치원에 다닐 때, 친구 엄마가 동생을 임신했다. 한여름에 임신 말기를 맞은 그녀는 무더위를 이기지 못해 땀을 많이 흘렸고, 가끔 숨을 헐떡이는 것 같아 임신 경험이 있는 모든 엄마로부터 걱정스러운 인사를 자주 받아야만 했다.

'다 잘되고 있니?', '아기도 엄마도 건강하지?' 출산일이 다가오자 모든 엄마가 엄지손가락을 들어 올렸다 누르는 제스처를 하면서 '드룩 디 다우먼(Druck die daumen)' 하며 용기를 주었다. 독일 사람들은 용기 내라는 말을 할 때는 항상 엄지를 치켜 올렸다가 내리누르며 '드룩 디 다우먼' 하고 외친다.

그런데 얼마 지나지 않아 그녀가 보이지 않는 것 같아 아이를 데리러 온 아빠한테 물어보니 며칠 전에 출산을 했다는 것이다. 그날은 급한 약속이 있어 다음 날 꽃이라도 사 들고 병원으로 축하 인사를 가기로 마음먹었다.

병원에 가기로 한 날, 아침 일찍 재래시장에 들러 꽃을 한 다발 사서 차에 넣어두고 아이를 유치원에 데려갔다. 아이를 데려다주고 곧바로 병원으로 향할 생각이었다. 그런데 유치원에 멀쩡하게 나타난 산모를 보는 순간 내 눈을 의심했다. 언제 아기를 낳았느냐는 듯 큰아이를 데려다주기 위해 유치원에 온 것이다. 바로 4일 전에 아기를 낳은 사람이라고는 도저히 믿을 수 없었다.

게다가 더 놀라운 것은 태어난 지 4일밖에 안 된 아기를 유모차에 태우고 나타났다는 사실이었다. 집에서 유치원까지 그리 가까운 거리가 아님에도 불구하고 아기 낳은 지 4일 된 산모가 큰아이를 데리고 유치원까지 걸어 온 것이다. 유모차까지 끌고 말이다.

나는 하루 종일 꼼짝 않고 누워 있는 성격도 못 되지만 의학적으로 검증되지 않은 민간 지식들을 불신하는 편이다. 그래서 한국에서 큰아이를 낳을 때도 독일에서 작은아이를 낳을 때도 곧 바로 찬물에 샤워하고 몸에 열이 나면 옷을 훌훌 벗어던진 채 선풍기까지 틀었다. 당연히 친정어머니의 걱정이 이만저만 아니었다. 어쨌든 그런 성격 탓에 산후 몸조리를 제대로 못 했지만 그래도 10일 정도는 집 안에 머물러 있었다.

더구나 일주일도 안 된 아기를 데리고 집 밖을 나갈 생각은 꿈도 꾸지 못했다. 그러니 몸조리를 해야 하는 산모가 유모차까지 끌고 나타났으니 나로서는 놀랄 수밖에 없었다. 그런데 나만 놀랐지 다른 독일 엄마들은 모두 익숙하게 유모차를 둘러싼 채 아기를 보기도 하고 산모를 끌어안고 볼을 부비며 축하 인사를 나누는 등 이야기꽃을 피웠다.

처음엔 이처럼 우리와 너무 다른 산후조리법과 신생아 보호에 대한 생각 때문에 놀랐다. 하지만 이와 같은 일을 자주 경험하면서 독일에서는 생후 4~5일 된 아기를 데리고 다니는 일이 특별하지 않다는 걸 알았다.

독일 엄마들의 산후 조리법과 신생아의 면역력에 대한 생각은 우리와 약간 다른 것 같다. 출산 후에는 적당한 운동을 필수로 생각하기 때문에 가사 노동이나 산책 등을 통해 몸을 많이 움직이기 위해 노력한다. 또한 신생아의 면역력에 대한 생각도 많이 다르다. 면역력 약한 신생아이기 때문에 외부와의 접촉을 차단하는 게 아니라 처음부터 적당히 바깥 공기에 익숙해지도록 하는 것이 면역력을 키워주는 일이라고 생각한다.

독일 엄마들은 아이가 감기에 걸려도 쉽게 병원을 찾지 않는다. 콧물을 흘리는 정도는 물론이고 어지간한 열도 감기차를 우려 마시는 것으로 다스린다. '한 번씩 아파야 면역력이 강해진다'며 감기 따위는 아이가 성장하는 데 당연한 통과 의례로 생각하는 듯 크게 걱정하지 않는 모습을 자주 보았다.

나는 큰아이를 세 살까지 한국에서 키우는 동안 수도 없이 병원 문을 들락거렸다. 첫아이다 보니 경험도 없고 감기만 걸려도 큰일이다 싶어 병원을 찾았다. 아이가 열이라도 나면 한밤중이든 새벽이든 소아과로 향했다. 당시만 해도 우리 가족이 살던 일산 인근에는 소아과 야간 진료소가 없어 한밤중에도 차로 1시간이나 걸리는 큰 병원에 가곤 했다.

그런데 다급하게 병원을 찾아가도 그때마다 담당 의사와 간호사들은 별로 심각하게 환자를 대하는 것 같지 않았다. 게다가 환자는 한밤중에도 항상 많은 터라 도착해서도 한두 시간 기다리는 게 예사였다.

아이는 열이 펄펄 끓고 있는데 마냥 기다리려니 불안하고 초조했다. 그럼에도 의사와 간호사들의 대응이 한가한 것 같아 화가 나기도 했다. 기다리다 지칠 때쯤 5분간 의사의 진료를 받고 별것 아닌 감기라는 진단을 받은 후 항생제를 처방받는 것이 고작이었지만, 매번 갈 때마다 불안하고 기다리는 시간은 왜 그리 길게 느껴졌는지 모른다.

아픈 아이를 대하는 의사의 태도는 언제나 시큰둥했다. 작은 병이든 큰 병이든 플라스틱병 안에 든 분홍색 물약과 물에 타서 먹이는 가루약을 항상 받았던 것 같다. 당연히 나도 아이가 아프면 어떤 병이든 약을 먹여야 낫는다고 생각했다.

아이들이 어릴 때는 독일에 와서도 병원을 들락거리는 일이 계속되었다. 그런데 독일이라고 상황이 다르진 않았다. 처음엔 선진국이니 좀 더 신속하고 세련된 서비스를 기대했지만 답답하기는 한국이나 독일이나 매한가지였다.

고열 때문에 황급히 병원을 찾았지만 의례적으로 입을 열어보고 청진기를 대어보는 것 같았다. 의사의 대처법은 그리 신속하지도 심각하지도 않았다. 게다가 처방은 한국보다 더 황당했다. 항생제는커녕 해열제 하나 달랑 주며 열이 나면 먹이라는 게 전부였다.

해열제로 치료를 하라고? 해열제로는 근본적인 치료를 할 수 없을 것 같다는 생각에 처음엔 항상 불안했다. 그것도 열이 나지 않을 때는 약조차 처방해주지 않았다. 물을 많이 먹이라든가, 감기에 좋은 차를 마시게 하라든가, 푹 쉬게 하라는 등의 조언만 듣고 왔다. 또 콧물을 많이 흘린다고 엄살을 피우면 코에 넣는 스프레이 정도를 처방해주는 게 고작이었다. 항생제는 정말 심하게 아플 때나 어렵게 처방받을 수 있었다.

큰아이를 독일에서 몇 년 키우는 동안 병원 처방이 신통치 않다는 것을 알게 되었고, 점차 병원을 찾는 횟수도 줄어들었다. 그러다가 작은아이가 어릴 때는 어지간한 병에는 병원에 데려가지도 않았다. 감기 기운이 있는 것 같으면 슈퍼에서 파는 감기차를 우려내 자주 마시게 했고, 열이 심하게 오르면 그제서야 해열제라도 처방받기 위해 병원을 찾는 정도였다.

덕분에 작은아이는 아기 때 항생제를 많이 먹이지 않았다. 그래서인지 가끔 심하게 아파서 항생제를 복용하면 약효가 정말 빠르게 나타난다는 느낌을 받곤 한다. 의사들이 항생제 처방에 인색해서인지 독일 엄마들은 아이가 아파도 항생제는 물론 해열제나 감기약도 쉽게 먹이지 않는다. 미열 정도는 약보다 물을 충분히 먹인다든지 차를 마시게 하면서 다스린다.

독일 아이들의 첫 간식은 무미건조하다?

03

　독일에서 길을 지날 때마다 유모차를 타고 있는 3~4개월 정도의 아기들이 브뢰트헨(Brötchen)이라는 독일 바게트나 쌀로 만든 튀밥 비스킷, 혹은 껍질도 까지 않은 사과 조각을 들고 빠는 모습을 자주 볼 수 있다. 아직 우유나 모유를 먹는 시기여서 딱딱한 음식이 익숙하지 않기 때문에 먹는다기보다는 침을 흘려가며 빨고 있는 것이다. 아주 어린 아기들뿐만 아니라 이유식을 할 정도로 큰 아이들도 비슷한 간식을 손에 쥐고 있다. 모두 무미건조한 빵이나 비스킷, 혹은 생과일이다. 특히 많이 들고 있는 간식은 브뢰트헨이다.

　우리가 흰쌀밥을 가장 편하게 먹듯 독일 사람들에게 브뢰트헨은 하루 중 적어도 한 번 정도는 먹는 주식이다. 브뢰트헨은 독일 식사에서 우리의 흰쌀밥과 같은 역할을 한다. 무미건조하지만 항상 있어야 할 것 같은, 또

매일 먹어도 질리지 않는 그런 빵이다. 흰쌀밥처럼 흰 빵은 건강에 좋지 않다며 현미 등 이런저런 곡식을 넣은 검은 빵을 권장하지만 아이나 어른 할 것 없이 독일인이 가장 좋아하는 빵은 역시 브뢰트헨이다. 우리가 상대적으로 준비하기 쉬운 밥으로 이유식을 시작하는 것처럼 이들도 브뢰트헨을 아기의 첫 이유식으로 삼는 것이다.

그런데 브뢰트헨을 특별한 간식으로 여기는 게 아니라 그 딱딱한 빵을 젓꼭지 삼아 빨고 놀도록 물려준다는 게 내게는 특별하게 다가왔다. 당시만 해도 내가 아이에게 이유식을 만들어주는 방식을 생각하며, 딱딱한 브뢰트헨과 껍질도 까지 않은 생과일이 백일밖에 안 된 아기의 간식치고는 성의 없어 보였던 것 같다.

우리 큰아이는 아기 때 모유든 분유든 너무 적게 먹어서 엄마를 속상하게 하는 일이 많았다. 적게 먹는 정도가 아니라 분유는 아예 먹지 않으려 했다. 젖병만 가져다 대면 고개를 돌리곤 해서 당황스러웠다. 아이가 분유를 거부하니 일찍 이유식을 시작할 수밖에 없었다. 그런데 분유나 모유는 먹지 않던 아이가 의외로 이유식은 잘 받아 먹었다. 그리고 이유식을 먹기 시작하면서 생우유를 주었더니 그것도 거부감 없이 잘 마셨다.

이유식도 처음엔 조리 과정이나 살균 처리 등에 자신이 없어 안전하게 사서 먹이려 했다. 그러나 우리 아이는 슈퍼마켓에서 산 이유식은 분유와 마찬가지로 입에 대지도 않으려 했고, 엄마가 직접 만든 것만 받아 먹었다. 그래서 어쩔 수 없이 직접 만들기 시작했고, 아이의 식사량이 분유를 줄 때와 완전히 달라진 걸 보면서 신이 나 맛있고 영양도 풍부한 이유식을 만들기 위해 열심히 공부했다. 초보 엄마였기에 이것저것 레시피를 뒤적여가며 첫 이유식에 갖은 정성을 쏟아부었다.

간식 하나도 허투루 주지 않고 항상 건강과 맛을 생각하며 준비했던 기억이 난다. 분유를 거부하던 큰아이는 그렇게 엄마가 만든 이유식을 먹으며 한국에서의 유아기를 무사히 지낼 수 있었다.

아이가 세 살 때 독일로 와서 유치원에 다닐 때도, 학교에 입학하고 나서도 마찬가지였다. 항상 끼니는 맛있게 먹어야 한다는 생각으로 식사를 준비했고, 아이 도시락이 모범적이라며 선생님에게 자주 칭찬을 받았다. 큰아이 초등학교 담임 선생님은 종종 반 아이들에게 도시락은 이렇게 싸와야 한다며 우리 아이의 빵을 들어 보여주곤 했다. 당시에는 아이들 식사 습관을 잘 들였다고 생각해 스스로 자부심을 갖기도 했다.

아이가 집에 와서 선생님에게 도시락 잘 싸왔다고 칭찬 들었다는 말을 전해주면 참 이해할 수 없었다. 한국 엄마들이 보면 정말 하찮은 도시락이다. 독일에서는 도시락이라고 해봐야 겨우 빵 조각에 버터 바르고 햄이나 치즈 끼워 넣는 게 고작인데, 내 경우는 반드시 토마토나 오이, 샐러드 등 채소를 함께 넣었다는 것이 칭찬의 이유였다.

내가 보기에는 별것 아닌 도시락이 독일 선생님 눈에는 정성스러워 보였던 모양이다. 실제로 독일 부모들은 아이 도시락에 지나칠 정도로 무심한 경우가 허다하기 때문이다. 학교에서 그렇게 싸주지 말라는 초콜릿 크림을 잔뜩 바른 흰 빵 도시락이 가장 많다. 제일 성의 없는 도시락이다. 하긴 초콜릿 크림은 독일 아이들이 가장 좋아하는 것이기도 하다. 아이들 건강을 좀 챙긴다는 부모는 검은 빵에 버터를 바르고 치즈나 햄 한 장 달랑 끼워준다. 여기에 좀 더 건강을 생각하는 부모는 사과를 통째로 넣어준다.

선생님이 그런 도시락만 보다가 채소라도 한 장 끼워 넣은 빵을 보고는 모범적이라고 칭찬을 했던 것이다.

그런데 지금 와서 생각해보면 내 방식이 아이에게 올바른 식습관을 만들어주지는 못했던 것 같다. 이유식에 대한 정성이 너무 지나쳐 맛있는 것만 만들어 먹이려 했다는 게 가장 후회스럽다. 아기 때부터 맛있는 이유식을 먹기 시작한 큰아이는 크면서 줄곧 맛있는 것만 찾았다. 어떻게 생각하면 그냥 평범한 한국 사람이기도 하다. 맛있는 요리를 먹기 위해 한두 시간씩 차를 타고 맛집을 찾아가는 일을 당연하게 생각하고, 텔레비전 요리 프로그램에서 마음에 드는 음식이 나오면 직접 시도해보기도 한다. 다 좋은데 맛있는 것만 찾다 보니 영양의 불균형과 비만도 걱정해야 한다.

내가 본 독일인은 대부분 먹는 것에 대해 지나치다 싶을 정도로 초연하다. 그 때문에 맛있는 음식을 찾기 힘든지 모르겠지만, 여하튼 독일은 먹을 것도 별로 없고 맛집도 많지 않은 나라다. 당연히 이곳 사람들도 맛있는 것을 좋아한다. 하지만 먹는 데 많은 시간과 돈을 투자하지는 않는 것 같다.

"오늘 저녁에는 특별히 맛있는 스파게티에 토마토소스 해줄게."

"야! 신난다."

"오늘 생일 잔치는 소시지에 감자튀김이야."

"야! 신난다."

독일 아이들이 어릴 때 엄마들한테 가장 많이 듣는 식사 메뉴는 스파게티에 토마토소스, 소시지에 감자튀김이다. 여기에 하나를 더 추가하자면 피자를 들 수 있다.

엄마들은 언제나 특별하게 맛있는 식사를 준비한다며 아이들에게 이런 메뉴를 언급하고, 그러면 아이들도 언제나 신나 한다. 우리 이웃이나 아이들 친구 엄마한테 들은, 아이들 요리에 대한 이야기는 이 세 가지가 전부였던 것 같다. 정말 도대체 집에서 무엇을 해 먹고 사는지 모를 정도로 시종일관 아이들을 위한 음식은 스파게티에 토마토소스, 피자 아니면 소시지에 감자튀김이다. 실제로 아이들이 가장 좋아하는 음식도 이 세 가지다.

소시지와 감자튀김은 가장 흔한 어린이 생일 잔치 음식이다. 그것도 먹는 데 신경 좀 쓴다는 엄마들이나 감자튀김을 기름에 넣고 튀겨 내지, 집에 기름 냄새 난다며 간단히 전기 오븐에 구워 내는 엄마들도 많다. 나는 감자튀김을 좋아하지도 않지만 특히 전기 오븐에 구운 감자튀김에는 도저히 손이 가지 않을 정도로 맛이 없다고 생각한다. 우리 아이들도 전기 오븐에 구운 감자튀김은 먹지 않으려 할 정도다. 그런데 여기 아이들은 맛있는 음식에 둔감해서인지, 아니면 입맛에 맞아서인지 전기 오븐에 구운 감자튀김도 정말 맛있게 먹는다.

유치원부터 김나지움(인문계 중고등학교)까지 12년 동안 아이들은 수없이 많은 생일 잔치에 초대받고, 자기 생일에 친구들을 초대하기도 한다. 우리 아이들도 예외는 아니다. 원만한 성격 때문인지 아이들은 둘 다 어릴 때부터 생일 파티에 초대를 많이 받았고, 그러다 보니 초대도 많이 했다. 아이들 생일 파티를 준비할 때마다 가장 큰 고민거리는 '친구들에게 어떤 맛있는 음식을 대접해서 기쁘게 해줄까'였다. 하지만 아이들에게 가장 환영받는 생일 파티 음식은 역시 소시지와 감자튀김이었다.

독일 사람들은 어릴 때부터 무미건조한 맛에 길들여져서인지 자극적이거나 맛있는 요리를 열심히 찾지 않는 것 같다. 물론 이 나라에도 미식가들은 많다. 하지만 내가 만난 대부분의 사람은 '정말 맛있다'고 감탄하면서도 스스로 그 요리를 시도해보거나 맛집을 찾아 한 시간 넘게 자동차를 타고 갈 생각은 하지 않는 것 같다.

독일 엄마의
모유 수유는 의무이다?
04

작은아이는 보통 독일 아이들처럼 세 살 때 유치원에 들어갔다. 아이가 세 살이 되면 엄마의 손길이 어느 정도 줄어드는 시기라 육아에서 약간은 해방될 수 있고, 유치원에 보내는 동안은 짧지만 자유시간도 가질 수 있다. 그런 내 경험을 통해 "아이가 세 살만 되면 육아 고생은 끝나고 다 키운 것이나 마찬가지"라고 주변에 이야기하곤 했던 것 같다.

아이가 유치원에 입학하고 얼마 지나지 않았을 때 일이다. 우리 아이와 같은 그룹에 속한 아이가 있었다. 우리 아이와 비슷한 시기에 입학해 함께 놀며 친하게 지내는 사이였다.

어느 날 엄마가 아이를 데리러 왔는데 엄마를 보자마자 달려가더니 품을 파고들며 앞단추를 푸는 것이었다. 엄마는 부드러운 말투로 '조금 있다가, 여긴 다른 사람들이 많잖아'라며 아이를 달랬다. 그러면서 옆에 있던 나를 보기가 민망했던지 한마디 했다.

"우리 아이는 아직 모유를 끊지 못했어요."

"네? 직장맘이라고 하셨잖아요. 어떻게 계속 수유를 할 수 있나요?"

"아기 때처럼 자주 먹는 건 아니고, 유치원 끝나고 집에 와서 오후 시간에 한두 번씩 해요. 유치원에서 받는 스트레스를 젖 먹는 걸로 푸는 것 같아요. 하루 종일 함께 있어주지도 못하는데, 수유를 핑계 삼아 스킨십을 할 수 있어서 오히려 좋은 것 같아요."

"힘들지 않으세요? 집에 매일 있는 것도 아니고, 직장 생활까지 해야 하는데."

"힘들다기보다는 약간 귀찮죠. 그런데 나도 아이와 스킨십 하는 걸 좋아하기 때문에 좋아요. 우리 둘 다 모유 수유를 즐기고 있어요."

"언제까지 먹일 생각인가요? 언젠가는 그만두어야 할 텐데."

"아이가 스스로 그만 먹으려고 하지 않는 한 그대로 두려고요. 그런데 내가 걱정하지 않아도 모유 수유 시기는 얼마 남지 않은 것 같아요. 다른 아이들은 모두 엄마 젖을 먹지 않는데, 자기 혼자 끊지 못하고 있으니 좀 창피한가 봐요. 요즘은 먹고 싶어도 스스로 참는 모습이 가끔 보여서 재미있어요."

세 살 된 아이가 아직도 엄마 젖을 먹고 있다는 사실에 처음엔 약간 놀랐지만, 엄마의 이야기를 듣다 보니 수긍이 갔다. 게다가 스킨십을 할 수 있는 기회라는 말을 들으니 은근히 부럽기까지 했다.

이 친구의 경우는 아주 드문 예지만 의외로 늦게까지 모유 수유를 하는 엄마들이 많다. 조사 기관에 따라 약간씩 다르긴 해도 독일 전체로 보면 평균 90퍼센트의 여성이 출산 후 2개월까지, 70퍼센트의 여성이 4개월까지 모유 수유를 하는 것으로 나타났다. 생후 6개월까지는 50퍼센트, 8개월까지도 30퍼센트 가까이 모유 수유를 한다.

두 아이를 낳아 키우는 동안 모유 수유를 충분히 하지 못한 게 아이들에게 미안하고, 내게도 가장 큰 아쉬움으로 남아 있다. 내 경우는 두 아이 모두 간절히 모유 수유를 원했지만, 턱없이 부족한 모유량 때문에 한 달 동안 아이들과 씨름하다가 결국엔 포기하고 말았다.

나처럼 모유 수유를 원하지만 신체 리듬이 따라주지 않는 경우, 또는 특별한 건강상의 이유가 없는 한 대부분의 독일 엄마는 모유 수유를 선호하고 실제로 이를 실천하고 있다. 독일에서 모유 수유는 선택이 아니라 필수이고 엄마로서 중요한 책무 중 하나다.

3세 이하 영유아는
보육원에 맡기지 말라고요?
05

    남편과 함께 30대 중반에 유학을 계획하고 독일행을 결행한 나는 독일에 오자마자 새로운 공부를 시작하기 위한 준비로 분주했다. 하루 종일 시간을 낼 수는 없었지만 큰아이가 유치원에 다닐 정도의 나이였기 때문에 오전 시간은 온전히 내 공부를 위해 할애할 수 있었다.

    어학 연수를 마치고 네덜란드의 마스트리트 미술대학 입학을 준비하던 중 둘째를 임신했고, 입학과 동시에 출산을 했다. 지금 생각해보면 '그때 모든 것을 포기하고 아이만을 위한 시간을 보냈다면 좋지 않았을까'라는 후회가 들기도 한다. 그러나 당시엔 처음 세운 계획이 출산으로 인해 바뀌어서는 안 된다는 소신 아닌 소신 때문에 잠시지만 생후 6개월부터 아이를 보육원에 맡겼다. 하지만 공부를 시작하고 얼마 되지 않아 결국엔 병으로 학업을 그만둘 수밖에 없었고, 다행인지 불행인지 몇 개월을 제외하고 작은아이는 엄마 손에서 유아기를 보낼 수 있었다.

작은아이를 낳자마자 6개월 후 자리를 받기 위해 대학에서 운영하는 보육원에 신청을 하고 나서 아이와 함께 보육원을 찾았다. 6개월 후에는 빈자리가 나는지, 아이들을 어떻게 돌보는지, 보육 교사는 어떤 사람들인지, 시설은 어떤지, 이것저것 궁금한 것이 많았다.

시설과 시스템, 아이들을 대하는 보육 교사들의 태도는 부모라도 이렇게 잘 해줄 수 있을까라는 생각이 들 정도로 부족함이 없어 보여 일단은 안심이 되었다. 보육원을 돌아본 후 원장과 면담 시간을 가졌다. 혹시 궁금한 사항들을 잊어버릴까 봐 작은 메모지에 꼼꼼히 질문을 적어갔다. 원장과 마주 앉아 중요한 순서대로 질문을 하려 하는데 처음부터 원장이 의외의 당부를 해서 나를 당황스럽게 했다.

"아이를 정말 6개월부터 보육원에 보내려고 하나요?"

"네, 6개월 후에는 공부를 시작해야 해서요."

"아이가 6개월이면 너무 어려요. 그런 아이를 여기에 맡길 수 있겠어요?"

"네? 6개월부터 맡길 수 있는 것 아닌가요?"

"맞아요. 보육원에서는 6개월부터 아이를 맡아줍니다."

"그런데 뭐가 문제지요?"

"정말 보육원에 맡길지에 대해 다시 한번 생각해보라는 말입니다. 6개월 된 아기에게는 엄마의 손길이 가장 필요할 때예요. 이렇게 작고 귀여운 아기를 남의 손에 맡겨놓고 안심이 되겠어요?"

원장은 유모차 안에서 잠들어 있는 우리 아이를 애처롭고 걱정스러운 얼굴로 내려다보며 말했다.

'이건 대체 뭐지?' 3세 이하 영유아들을 돌보는 일이 주업인 보육원 원장의 말은 진지한 고민 없이 보육원 자리를 받아야겠다고 찾아간 나를 한없이 부끄럽게 했다. 그리고 "이렇게 작고 귀여운 아기를 남의 손에……"라는 말이 비수처럼 내 가슴에 꽂혔다.

일하는 여성을 위한 독일의 보육 시설은 완벽하다. 그러나 사회적으로 그러한 시스템의 활용을 권장하지 않는 분위기다. 3세 이하의 아이는 엄마가 키우는 걸 당연시하고, 반드시 그렇게 해야만 한다고 생각한다. 다만 어쩔 수 없는 경우를 대비해 완벽한 시스템을 갖추어놓고 있을 뿐 이를 권장하지는 않는 것이다.

독일에서는 80퍼센트에 육박하는 덴마크나 50퍼센트 이상인 네덜란드와 스웨덴의 절반에도 못 미치는 25퍼센트 정도의 일하는 여성이 보육 시설을 이용한다. 1~2세의 영유아 보육 시설 이용률이 50퍼센트 넘는 한국에 비해서도 한참은 낮은 수치다. 그 25퍼센트도 모두 일하는 엄마들이다. 공부를 하거나 직업을 갖고 있지 않으면서 아이를 보육원에 맡기는 엄마는 본 적 없다.

내 경험에 의하면 독일의 보육 시설 이용률이 이렇게 낮은 이유는 재원 부족이나 영유아 교육이 복지의 사각지대에 놓여 있기 때문은 아닌 것 같다. 3세 이하 영유아는 엄마가 돌보는 게 최상의 육아임을 권장하는 사회적 공감대가 가져온 결과일지도 모른다. 또 수요가 많지 않기 때문에 상대적으로 시설의 발달도 다른 유럽 국가에 비해 미비할 수밖에 없을 것이다.

독일 엄마가 잠드는 아이에게 책을 읽어주는 이유는?

06

어린 아이를 키우는 가정은 물론 독일의 일반 가정에는 텔레비전 없는 집이 많다. 유치원부터 초등학교까지 아이의 정서와 교육에 신경 쓰는 독일 엄마들이 가장 많이 관심 갖는 분야는 게임과 책 읽어주기다. 컴퓨터나 핸드폰을 이용한 기계적 놀이가 아니라 카드를 갖고 하는 카르텐슈필레(kartenspiele)나 다양한 도구를 이용한 전통 방식의 게임이다.

나도 아이들이 어릴 때는 여느 독일 엄마처럼 함께 게임을 하며 시간을 보내곤 했다. 그런데 게임을 하며 놀아주는 게 생각보다 쉽지 않다. 게임을 통해 아이들과 꾸준히 교감하기까지는 적지 않은 인내력이 필요하다. 엄마에게 가장 편리한 것은 사실 텔레비전 앞에 아이들을 풀어놓는 것이다. 그런데 독일 엄마들은 텔레비전 앞에 앉아 있는 어린 아이는 위험하다고 생각하는 경우가 많다.

제3세계 아동 문제를 다루는 텔레비전 다큐멘터리에 자주 등장하는 장

면은 부모의 무관심 속에서 텔레비전 앞에 방치된 아이들의 모습이다. 텔레비전을 마치 아이들을 헤치는 괴물 상자처럼 간주하는 엄마들도 더러 보았다.

물론 각 가정마다, 부모마다 미디어에 대한 다른 철학과 생각을 갖고 있겠지만, 특히 자녀를 키우는 독일 부모들의 생각은 비슷한 것 같다. 우리 아이 친구들 중에는 어렸을 때 아예 텔레비전이 없어 보지 못하고 자란 경우가 의외로 많다.

또한 텔레비전이 있는 집도 엄마가 아이들의 시청 시간을 엄격하게 통제하기 때문에 어릴 때일수록 장시간 텔레비전 앞에 앉아 있는 일은 없다고 한다.

유아기의 독일 어린이 책 광고를 보면 아인슐라프북(Einschlafbuch)이란 단어를 가장 많이 접할 수 있다. '잠드는 책'이라는 뜻이다. 아인슐라프북에는 아이들이 잠들 때까지 엄마가 읽어주기에 좋은 동화가 수록되어 있다. 엄마들은 잠자기 전에 아인슐라프북을 읽어주며 아이들의 상상력을 키우고 정서적으로 안정된 아이로 자라기를 기원한다.

그런데 책을 읽어주는 독일 엄마들의 행위는 아이에게 책 읽는 습관을 길러주기 위해서라기보다 엄마와 함께할 수 있는 놀이 수단으로 선택하는 것 같다. 큰아이를 한국에서 세 살까지 키우는 동안, 나도 여느 한국 엄마들처럼 아이의 교육과 정서에 관심이 많았다. 둘째를 키울 때와 비교해보면 첫아이여서 더 그랬던 것 같다.

그중 적극적으로 시도한 방법 중 하나는 동화책 읽어주기였다. 아이가 백일 정도 되었을 때부터 틈만 나면 책을 읽어주기 시작했다. 세 살 때 독일에 와서도 책 읽어주기를 계속했다. 지금 돌이켜보면 아이와 하나가 되어 즐기고 공감하면서 읽어주었다기보다 엄마로서 당연한 의무라고 생각했던 것 같다.

그에 반해 둘째를 키울 때는 첫째보다 많이 읽어주지 못했지만 책을 읽으면서 아이와 함께 재미있게 놀았던 듯싶다.

이유야 어찌 되었든 동화책 읽어주기를 통해 큰아이가 두 돌이 가까워질 무렵 놀라운 경험을 하기도 했다. 당시 아이에게 가장 많이 읽어준 것은 곰돌이가 등장하는 짧은 동화책이었다.

오랜 시간이 흘러 이제 책의 제목이나 줄거리도 기억나지 않지만 "햇볕이 쨍쨍 내리쬐는 어느 날이었습니다"란 첫 문장은 지금도 또렷이 떠오른다. 고작 "엄마, 엄마" 정도의 단어 몇 개만 되뇌이던 아이가 처음으로 문장을 갖춰 한 말이 바로 이 동화책의 첫 문장에서 나온 것이었기 때문이다.

우리 가족은 한여름에 자동차를 타고 외출을 했다. 따가운 햇볕이 자동차 안으로 들어와 에어컨을 틀었음에도 매우 더웠다. 아직 두 살도 안 된 어린 아이에게는 참기 힘든 더위였던 것 같다. 아이가 더위를 이기지 못해 칭얼대는 것 같더니 갑자기 "햇볕 쨍쨍 싫어!"라고 외쳤다. 큰아이가 태어나서 말한 첫 번째 문장이었다.

그 순간의 감동이란 이루 말할 수 없었다. 아이가 첫 문장을 이야기했다는 사실도 감동이었지만, 그게 내가 수도 없이 읽어준 동화책의 첫 문장에서 나왔다는 사실에 나 스스로 마치 장한 어머니로 인정이라도 받은 듯 뿌듯했다.

동화 읽어주기에 대한 교육적 가치를 확인한 나는 아이가 세 살 때 독일로 오기 위해 이삿짐을 쌀 때 동화책부터 챙겼다. 최대한 짐을 줄이기 위해 웬만한 가재도구는 거의 처분했지만 동화책만은 가능한 많이 가져오기 위해 노력했다. 그러다 보니 그리 많지 않은 이삿짐의 3분의 1은 동화책이었던 것 같다.

큰아이는 독일에 오자마자 유치원에 입학했다. 아이가 말도 통하지 않는 낯선 나라에서 적응하려면 얼마나 힘들까 걱정을 많이 했다. 하지만 아이는 다행히 독일어도 빨리 배우고 친구들도 많이 사귀어 유치원 생활을 원만하게 보낼 수 있었다.

하루는 유치원 끝나고 큰아이 친구가 우리 집에 놀러왔다. 얼마 후 친구 엄마가 아이를 데리러 왔다. 그 엄마는 "재미있게 놀았니?" 하며 큰아이 방에 들어서다 책장에 꽂혀 있는 동화책들을 보고는 깜짝 놀라며 물었다.

"책이 왜 이렇게 많아요? 모두 아이 책은 아니죠?"

"모두 우리 아이가 보는 동화책이에요."

"네? 이렇게 많은 동화책을 아이가 모두 읽는다고요?"

"여기서 살 수 없는 책들이라 이사 올 때 한국에서 챙겨왔어요."

"이 책들을 모두 한국에서 가져왔다고요? 무거운 책이라 이사 비용도 만만치 않았겠어요. 처음 봐요, 아이 방에 책이 이렇게 많은 건요."

"독일 아이들은 책을 많이 읽지 않나요? 이 정도는 많은 게 아닌데. 한국에는 이것보다 많은 집도 많아요. 이건 아주 조금 있는 거예요."

"놀랍네요. 대단해요."

그리고 얼마 후 그 친구 집에 갔을 때 나 또한 약간 놀랐다. 아이 방에 장난감은 많은데 동화책은 몇 권 없었다. 친구 엄마는 동화책을 아이들 장난감 정도의 가치로 생각하는 듯했다. 무언가 기대를 하고 아이에게 책을 읽어주기보다 카드 게임을 하듯 아이와 놀기 위해 책을 좋은 매개체로 삼았던 것이다. 그런 엄마였으니 우리 집 동화책을 보고 그토록 놀랐던 것이다. 그런데 그 후로도 우리 아이 친구 집을 방문할 때마다 유심히 보았지만 한국 아이들 책장만큼 동화책이 많은 집은 본 적이 없었다.

독일 학교에서 학부모 회의를 밤 8시에 하는 이유는?

07

예전에 마리엘과 마야, 마리라는 예쁜 세 딸을 둔 부부가 있었다. 아이들 엄마는 간호사로 일했고, 남편은 전기기사였는데 당시에는 직장을 잃은 상태였다.

잠시 아파트에 거주할 때 아래 위층에 살면서 친하게 지낸 가족이었다. 독일에 온 지 얼마 되지 않았을 때라 아이들 유치원이며, 집 문제며 이것저 것 도움을 많이 받았고, 우리 또한 유난히 아시아 음식을 좋아한 아이들 엄마를 가끔 식사에 초대하기도 했다.

아이들 아빠가 실직 상태였기 때문에 육아와 가사는 당연히 남편의 몫이었다. 평범한 사람의 눈으로 보면 전통적인 역할이 바뀐 것이다. 아무리 남편이 육아와 가사를 도맡아한다 해도 어려움이 있을 것 같은데 아이들 엄마는 항상 즐거워 보였다. 가끔은 자기가 결혼을 정말 잘한 것 같다며 완벽하게 육아와 가사를 책임지고 있는 남편 자랑을 늘어놓기도 했다.

독일에서는 남성 육아 휴직은 물론 일하는 여성을 위해 제도적으로 튼실한 보육 정책을 운영하고 있다. 부부가 시간을 조정할 수만 있다면 유연한 탄력 근무를 이용해 부부 모두 일과 육아를 병행할 수 있다. 그러나 이러한 상황은 어디까지나 이론적으로 가능한 얘기다.

아무리 완벽한 제도라도 개인이 운영하는 소기업의 말단 여직원에게까지 미치기에는 여전히 독일도 부족한 면이 많다. 그 때문에 출산 후 일하는 엄마가 될 것인지 육아에만 전념하는 전업주부가 될 것인지 숙명과도 같은 선택을 해야만 한다.

우리와 많이 다른 점이 있다면 그건 남성의 육아 참여다. 일 때문에 바쁜 남편도 물론 많지만 독일에서는 엄마 혼자 책임져야 하는 이른바 '독박 육아'는 매우 드물다. 자녀 양육은 부부 공동의 과업이지 엄마 혼자 떠맡아야 할 일은 아니라는 생각이 지배적인 것 같다.

이혼한 부부도 마찬가지다. 이혼 후 아이는 당연히 엄마든 아빠든 한쪽에 적을 두고 생활한다. 하지만 아이가 어릴수록 끊임없이 왕래하고 이혼으로 인해 부모의 역할이 바뀌지도 않는다. 물론 행복한 부부 관계 속에서 원만하게 자란다면 더할 나위 없이 좋겠지만, 그렇지 못하다고 해서 아이들을 외롭게 만들지는 않는 것 같다. 자신들의 이혼으로 인해 아이가 받을 수 있는 충격을 줄이고 한쪽 부모의 부재를 느끼지 않도록 끊임없이 노력하는 모습을 많이 볼 수 있다.

독일 엄마들은 홀로 육아와 가사에 치여 힘들어하지 않는다. 육아와 가사를 여성의 책임으로만 인식하지 않기 때문이다. 부부가 함께 일할 경우, 또는 한쪽만 직장을 다닐 경우도 물론 분담 비율이 다르기는 하겠지만 부부가 육아와 가사를 함께하는 것은 자연스러운 일이다.

독일 학교에서는 초등학교든 김나지움이든 맞벌이 부부를 위해 학부모 회의를 항상 밤 8시에 시작한다. 회의를 하기에 늦은 시간임에도 모두 이를 선호하는 이유는 학부모 대부분이 맞벌이이기 때문이다.

예전에 자녀교육을 걱정하는 엄마들을 위한 한국 텔레비전 토론회 프로그램에 출연한 적이 있다. 나는 외국의 사례를 말하기 위해 나갔지만 생방송으로 진행한 토론회에는 양측의 고른 이야기를 듣기 위해 직장맘과 전업맘을 반반씩 섭외했다.

그런데 특이한 점은 토론회 내내 직장맘들은 자녀교육에 대해 몇 마디 끼어들 기회가 없다는 것이었다. 사교육을 시키든 그렇지 않든 아이들 교육에만 올인하는 전업맘들의 교육열을 따라갈 수는 없었다. 토론회가 진행될수록 한국에서 직장맘은 자녀교육에 대해 영원한 아마추어요, 죄책감에 사로잡힐 수밖에 없겠다는 생각이 들었다.

그러나 독일에서는 초등학교 고학년 정도의 학부모들만 봐도 건강상의 문제 등 특별한 이유가 없는 한 모두 직장맘이다. 독일 사회는 어떤 일에 종사하는지보다 일을 한다는 것 자체를 중시한다. 요컨대 집안일로 소일하는 전업주부가 인정받는 사회는 적어도 아닌 것 같다.

독일 엄마는 1년 동안 크리스마스 선물을 준비한다?
08

대부분의 독일 슈퍼마켓에서는 일주일에 한두 번씩 한시적 특별 할인 상품인 보헨안게보트(Wochenangebot)를 판매한다. 유명 메이커는 아니지만 서민들에게 필요한 물건을 슈퍼마켓의 보증 아래 값싸게 구입할 수 있는 좋은 기회이기도 하다.

가끔 학용품이나 장난감 등 아이들을 위한 물건이 산더미처럼 쌓여 있으면, 꼭 필요하지 않더라도 구매욕이 발동하곤 한다. 보헨안게보트 때문에 계획에 없던 돈을 쓰기도 해서 낭비를 조장한다는 생각이 들기도 하지만, 비싼 가격이 아니어서인지 사람들은 쉽게 장바구니에 물건을 집어 넣곤 하는 것 같다.

언젠가 보헨안게보트가 있는 날 슈퍼마켓에 갔다가 작은아이 친구 엄마를 만났다. 그날은 여자아이들이 좋아하는 팬시용품과 액세서리가 많이 나와 있었는데, 아이가 딸이어서 그런지 그 엄마는 상품에 관심이 많아 보였다.

"야, 이 머리핀 세트 정말 예쁘네요. 우리 애 아트벤츠칼렌더(Adventskalender, 크리스마스 전의 4주간)에 추가해야겠다."

"지금 한여름인데 벌써 아트벤츠칼렌더를 산다고요?"

"나는 1년 동안 준비하는데요."

"네? 1년이나 크리스마스 선물을 준비한다고요?"

"그렇지 않으면 24개를 한꺼번에 사야 하기 때문에 너무 바쁘고 돈도 많이 들어서 기회가 있을 때마다 구입하고 있어요. 아이가 둘이라 48개를 모두 채우려면 아이디어 얻기도 쉽지 않거든요."

그러곤 웃으며 1.99유로(원화로 약 2300원 정도)짜리 머리핀 세트 두 개를 장바구니에 담았다. 생일이나 크리스마스가 코앞에 닥쳐야만 선물을 걱정하는 내가 마치 사랑이 부족한 무심한 엄마가 되어버린 것 같아 머쓱해지는 순간이었다.

독일인의 선물 문화는 단순하게 기념일이나 축하의 의미로 주고받는, 서로에 대한 관심 이상의 의미를 갖는다. 선물을 주고받아야 할 기념일도 많고, 특히 아이를 키우는 부모는 1년 내내 신경을 쓸 수밖에 없을 정도로 선물할 일이 많다.

선물을 준비할 때 사람들은 영어의 서프라이즈와 같은 뜻인 '위버라슝(Überraschung)'이라는 말을 가장 많이 한다. 어떻게 하면 받는 사람을 크게 위버라슝시킬 수 있을까. 이게 선물하는 사람의 가장 큰 고민이다. 받는 사람을 위버라슝하려면 그동안 했던 것과 중복되지 않는 것이어야 할 뿐만 아니라, 놀라면서 기뻐할 수 있을 정도의 기발한 아이디어도 필요하다. 이런 다양한 목적을 충족하기 위해서는 여기저기 발품도 많이 팔아야 한다.

받는 사람이 성의 없다는 느낌을 갖게 되면 선물로서의 가치도 주고받는 기쁨도 반감되어 안 하느니만 못하다는 생각을 하는 것 같다. 그렇다고 값비싼 물건이 환영받는 것은 아니다. 전혀 상상하지 못한 아이디어와 주는 사람의 정성이 느껴질 때 최고의 선물이 되는 것이다.

생일, 각종 기념일, 축제일 등 독일에서는 누군가에게 선물을 해야 하는 날이 적지 않다. 특별히 어린이날을 챙기지는 않지만 생일은 물론 부활절과 크리스마스 등 잊을 만하면 선물할 날이 다가온다. 특히 크리스마스 선물은 하루 이틀 준비로 끝낼 수 없을 만큼 많은 정성과 시간이 필요하다.

독일인은 크리스마스가 가까워지면 아트벤츠칼렌더를 준비하기 시작한다. 특별히 아이들에게만 하는 선물은 아니고, 누구에게나 해당하는 크리스마스 선물 풍습이다. 아트벤츠칼렌더는 12월 1일부터 크리스마스 이브까지 하루에 하나씩 풀어볼 수 있는 24개의 선물 꾸러미를 말한다. 말이 24개이지 모두 마련하려면 적잖은 고민과 비용이 필요하다. 독일 크리스마스 시장이 특히 대목을 보는 이유는 이 아트벤츠칼렌더 문화 때문이다.

독일 엄마들은 1년 동안 아트벤츠칼렌더를 위해 여건이 될 때마다 하나씩 선물을 모아 아이들 몰래 숨겨둔다. 크리스마스 한 달 전에 준비하려면 아이디어를 얻기도 쉽지 않고 시간도 부족하기 때문이다.

물론 엄마들에 따라 아트벤츠칼렌더를 준비하는 방식과 정성이 모두 다르다. 24개 모두 값나가는 선물을 준비하기에는 부담스럽기 때문에 24개 중 서너 개 정도만 정성을 들이고 나머지는 초콜릿이나 사탕 등으로 대체하는 경우도 많다.

여하튼 아이들을 위한 크리스마스 선물은 독일 엄마에게 적지 않은 일거리지만 기쁜 마음으로 하나씩 준비하는 것 같다. 어떤 선물이 아이들을 놀랍도록 기쁘게 할 수 있을지 상상하면서 말이다.

사랑은 많이 주되
아이를 놓아주라고요?
09

"사랑은 많이 주되 아이를 놓아주세요."

독일에서 아이를 키우는 엄마라면 자주 듣는 말이다. 한없이 사랑만 주면 아이는 저절로 자란다는 얘기다. 처음 독일에 와서 세 살짜리 아이를 키우는 젊은 한국 엄마로서 나는 이 말을 인정할 수 없었다.

'과장이겠지. 어떻게 사랑만 주면 아이가 저절로 자란다는 거야?'

나무도 잘 키우려면 물뿐 아니라 거름도 주고 풀도 뽑아야 한다. 하물며 인간한테는 어떻겠는가. 하지만 나 역시 사랑의 중요성을 알기에 적극적인 반론을 제기하지는 않았다. 그래도 마음속으로는 언제나 위와 같은 의문을 품고 있었다. 또한 엄마의 사랑에 대한 중요성을 강조하기 위한 말일 뿐이라는 결론을 내리기도 했다.

그런데 지금 우리 아이들이 모두 크고 나니 '왜 내 아이들을 그렇게 키우지 못했을까'라는 회한이 밀려올 때가 많다. 한국에서라면 대학에 못 보냈다든지, 좀 더 욕심 많은 부모라면 명문 대학에 보내지 못한 아쉬움으로 자녀교육을 되돌아볼 수 있을 것이다. 하지만 이 나라에서는 대학을 보내기 위해 크게 노력해본 적도 없기에, 또 대학 진학이 크게 어렵지도 않기에 그런 류의 후회나 반성은 없다.

가장 큰 후회는 아이들이 어릴 때 무조건적 사랑을 주는 일에 인색했다는 것이다. 나도 모르게 규율과 규칙을 강조하는 게 사랑을 주는 것보다 중요하다고 생각했던 것 같다. 이 나라에서 아이에 대한 내 교육 태도는 나를 지배하고 있던 한국적 사고에서 크게 벗어나지 못했던 것 같다.

"응, 잘했어"란 말보다 "그렇게 하면 안 돼. 이렇게 저렇게 해야지"라며 아이들의 자유를 억압했던 것이다. 아이들을 자유롭게 풀어놓고 키우는 독일 엄마들을 볼 때면 지난날의 나를 돌아보게 된다.

그렇다고 독일 엄마들이 아이에게 무조건적 자유를 허용하는 것은 아니다. 어릴 때부터 공동체를 위한 양보와 희생을 존중하는 교육을 받고 자란 엄마들은 자신의 아이에게도 똑같은 교육을 한다. 특히 공동체의 한 구성원으로서 다른 이에게 피해를 주지 않는 사람으로 자라길 바라다 보니 어릴 때부터 그와 관련한 잔소리를 자주 한다.

그러나 그 이외의 부분에서 독일 부모들이 자녀에게 바라는 소망은 행복한 아이로 성장하는 것이다. 독일 엄마들도 여느 한국 엄마들처럼 아이를 키우면서 걱정이 많은 것은 마찬가지다. 그러다 보니 잔소리를 할 수밖에 없는 것 같다. 그런데 우리의 잔소리와는 방향이 약간 다르다. 대부분 공동체의 일원으로 무난하게 살아가는 데 필요한 윤리 의식이나 생활 습관 등을 키워주기 위한 잔소리지, 성적을 올리라거나 학습 태도를 바르게 하라는 등의 잔소리는 상대적으로 적은 편인 것 같다.

유치원 연령의 아주 어릴 때부터 이웃에게 피해주지 않는 생활 태도를 주입하기 위해 노력하지만, 정작 글을 가르친다거나 학습을 위한 사교육을 알아보는 엄마는 극히 드물다. '학교 교육은 철저히 학교와 교사를 믿고 의지한다'가 독일 엄마들의 원칙이다. 물론 아이가 학교 교육을 도저히 따라갈 수 없을 정도의 상황이라면 사교육의 도움을 받기도 한다. 하지만 그렇지 않은 경우에는 대부분 학교 교육에 만족하는 편이다.

그러다 보니 아이들은 어릴 때부터 학업에 대한 스트레스나 부담이 적고 진로 선택도 자유롭다. 그렇다고 부모가 아이를 방치하는 것은 아니다. 작든 크든 자신의 문제를 스스로 해결하도록 풀어놓을 뿐이지 사랑의 눈으로 지켜보고 관찰하는 노력은 멈추지 않는다.

독일 엄마의 자녀교육 핵심은 느림의 미학인 것 같다. 당장 우리 아이들 친구의 엄마들을 봐도 교육에 대해서는 아주 천천히 나아가지만 멀리까지 내다볼 수 있는 혜안을 지니고 있는 것 같아 부러울 때가 많다.

독일 학생이 가장 많은 공부를 해야 할 때는 대학에 가서다. 그 밖에 직업 전선으로 나아갈 사람은 레알슐레(Realschule)라는 중등학교 과정에서 직업 교육인 아우스빌둥(Ausbildung)을 위한 기초 지식을 준비하고, 대학에 갈 사람은 김나지움에서 대학 진학을 위한 기본 역량을 갖추는 정도다. 학생의 학업 수준에 대한 독일 부모와 학교, 교사의 기대는 그 이상도 이하도 아니다.

스스로 학문의 필요성을 인지하고 목표를 정할 수 있는 나이가 되어야 비로소 그 목표를 달성하기 위해 대학을 선택하고, 무서울 정도로 학문에 매진해야만 그 대학에서 살아남을 수 있다.

  사랑은 주되 아이를 놓아주는 부모의 자세가 결국엔 스스로 좋아하는 학문을 선택할 수 있는 길을 열어주기도 하는 것이다.

놀이는 유년기에 있어서
가장 순수하고
가장 영적인 인간 활동이다.

– 프뢰벨(Fröbel, 교육가)

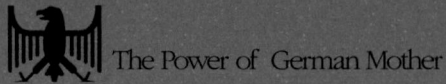
The Power of German Mother

2부
글로벌 인재를 키우는 독일 엄마들의 자녀교육법

......

　　항상 주변을 돌아보고 공동체에 필요한 예의를 가르치는 엄마들. 그게 바로 독일 엄마들의 중요한 자녀교육이다. 이런 교육은 사실 학교에서 배울 수 있는 게 아니다. 그러나 독일에서는 학교 교육과 전혀 무관하지만도 않다. 독일 학교에서는 공부는 못해도 이해받을 수 있지만 남에게 피해를 주는 어떤 행동도 용납하지 않기 때문이다. 철저한 환경 보호 의식과 공동체 생활의 규칙과 예의를 중시하는 학교 교육을 통해 성장한 엄마들이 자신의 아이들에게도 그에 걸맞은 가정 교육을 하고 있는 것이다.

공동체의 규칙과 예의를 중시하는 가정 교육
10

독일에 간 지 얼마 지나지 않아 큰아이를 데리고 백화점에 갔을 때다. 백화점 현관 앞에서 한 아이가 아이스크림을 손에 들고 엄마와 실랑이를 하고 있었다.

"왜 가게에 들어가면 안 되는데? 나도 들어가고 싶어."

"지금은 안 돼, 들어가려면 문밖에서 아이스크림을 모두 먹고 들어가야 해."

"조심하면 되잖아."

"그래도 안 돼, 실수로 아이스크림을 떨어뜨릴 수도 있잖아. 백화점에는 손에 먹을 것을 들고 들어가는 게 아니야."

"잉, 지금 들어가고 싶단 말이야."

"안 돼!"

엄마의 대답은 단호했다. 징징대며 조르던 아이는 몇 번 엄마에게 말대

꾸를 하더니 이내 포기하고 얼른 백화점에 들어가려는 듯 열심히 아이스크림을 먹었다.

독일에서 쇼핑을 할 때마다 상점 앞에서 아이와 엄마가 다투는 모습을 자주 본다. 손에 아이스크림이나 빵을 든 아이가 칭얼거리고 나직하지만 강한 어조로 타이르는 엄마의 모습이다.

대부분 유치원이나 초등학교 저학년 연령의 아이들과 엄마다. 큰 아이들이 자주 눈에 띄지 않는 이유는 어느 정도 철이 들어 엄마와 싸울 필요 없이 알아서 처신하기 때문이다. 초등학교 고학년만 되어도 상점에 들어갈 때 어떻게 행동해야 하는지 대부분 잘 알고 있는 것 같다.

손에 음식을 들고 있을 때는 으레 문밖에서 기다리거나 음식을 모두 먹고 나서야 가게로 들어선다. 장난감 가게에 들어간 엄마를 부러운 눈으로 바라보며 열심히 아이스크림을 먹고 있는 아이들을 보면서 독일 엄마의 남을 배려하는 섬세한 가정 교육에 감탄할 때가 많았다.

독일 엄마들은 집 밖을 나서면 잔소리를 많이 한다. 특히 어린 아이를 키우는 엄마들은 사사건건 잔소리다. 가끔 '아이들 기를 살려줘도 시원찮은 마당에 기를 너무 못 펴게 하는 것이 아닌가' 하는 생각이 들 때도 있었다. 그러나 독일 엄마들의 잔소리를 가만히 들어보면 이들이 중요하게 생각하는 교육이 무엇인지 알 수 있다.

엄마들이 집밖에서 아이들에게 하는 잔소리를 모두 남에게 피해 줄 수 있는 행동을 했을 때다. 먹는 것뿐 아니라 상가에서 여기저기 뛰어다닌다든지, 진열대의 물건에 손을 댄다든지 할 때 엄마들은 아이들에게 쉴 새 없이 이야기한다. "눈으로만 보는 거야. 만지면 안 돼."

나도 아이들이 어릴 때는 산책이나 쇼핑을 위해 집을 나설 때마다 물과 간식거리를 챙기곤 했다. 그런데 아이에게 과일 조각이나 과자를 쥐어주면서 어떤 주의를 기울여야 할지 생각해본 적이 없었던 것 같다. 아이들의 군것질이 경우에 따라서는 남에게 피해를 줄 수도 있다는 생각은 더더욱 해보지 않았다.

독일 엄마들은 아이와 함께 쇼핑을 갈 때도 돈이 든 가방만 홀쩍 들고 아무 생각 없이 집을 나서지 않는다. 현관문을 열기 전에 반드시 확인하는 것이 있다.

"쇼핑백은 챙겼니?"

이렇게 쇼핑백부터 챙긴다. 일반 가정에는 접었다 폈다 하면서 가방 안에 넣고 다닐 수 있는 쇼핑 가방이 있는데, 만일 없을 경우에는 예전에 상점이나 백화점에서 물건을 살 때 받았던 헌 쇼핑백을 깨끗이 보관해두었다가 꺼내 쓴다.

1990년대 말 독일에 처음 왔을 때는 슈퍼마켓에서 두 사람 중 한 사람이 광목으로 만든 쇼핑 가방을 들고 다녔다. 지금은 재사용 쇼핑백도 디자인이나 색상이 다양해졌지만 10년 전만 해도 대부분 광목 쇼핑백이었다. 당시 한국은 경제적 풍요를 과시라도 하듯 상점마다 비닐 쇼핑백을 무료로 무한정 제공할 때였다.

그런데 선진국이라고 생각해온 독일은 우리네 1960~1970년대에나 볼 수 있었던 탈색도 하지 않은 누런 광목으로 만든 쇼핑 가방을 애용하고 있었던 것이다. 법적인 제약이 있는 것도 아닌데 스스로 1회용 쇼핑백을 거부했다. 마치 시간을 거슬러온 것 같은 느낌이 들어 신선하기도 했고, 아무 생각 없이 1회용 비닐 쇼핑백을 들고 다녔던 나를 돌아보는 계기가 되기도 했다.

항상 주변을 돌아보고 공동체에 필요한 예의를 가르치는 엄마들. 그게 바로 독일 엄마들의 중요한 자녀교육이다. 이런 교육은 사실 학교에서 배울 수 있는 게 아니다. 그러나 독일에서는 학교 교육과 전혀 무관하지만도 않다. 독일 학교에서는 공부는 못해도 이해받을 수 있지만 남에게 피해를 주는 어떤 행동도 용납하지 않기 때문이다. 철저한 환경 보호 의식과 공동체 생활의 규칙과 예의를 중시하는 학교 교육을 통해 성장한 엄마들이 자신의 아이들에게도 그에 걸맞은 가정 교육을 하고 있는 것이다.

대화와 협상에
익숙한 아이로 키우기
11

　독일 아이들은 초등학교에 입학하면서 교육을 통해 체계적으로 타인과의 공감 능력을 키워간다. 이를 위한 수업 형태 중 하나가 '룬데티쉬(Rundetisch)' 시간이다. 룬데티쉬는 교실 정면 칠판을 향해 나란히 배열되어 있는 걸상과 책상을 원형으로 재배치하고 모두가 동그랗게 둘러앉아 이뤄지는 수업을 말한다.
　개학 첫날이나 월요일 또는 방학이 끝난 바로 다음 날이나 휴일 다음 날 주로 진행되는 룬데티쉬는 정규 수업보다는 선생님의 역할이 제한적이다. 아이들은 방학이나 휴일에 경험한 일을 자연스럽게 친구들에게 들려주고 선생님이나 친구들로부터 질문도 받는다.
　룬데티쉬는 단순히 지식을 주입시키기 위한 수업이 아니라, 아이들의 입을 열어주고 서로의 생각을 주고받는 데 익숙하도록 하기 위한 훈련이기 때문이다. 교사의 역할은 방향을 잡아주고 곁가지를 제거하는 정도면 충분하다.

  독일의 토론 문화는 학교 교육을 통해서도 충분히 배양되지만, 토론을 잘하는 독일인의 특성은 엄마들의 가정 교육에서부터 시작된다. 아니, 가정 교육이라기보다는 아이와 엄마의 관계라는 말이 더 적절한 표현인 것 같다.

  "그렇게 하면 안 돼", "이렇게 해야지 왜 그렇게 했어?", "그건 나쁜 짓이야"라면서 명령하거나 힐책하기보다 "왜 그렇게 한 거야?"라고 먼저 이유를 물어보면서 대화를 시작한다. 그리고 아이가 스스로 문제가 무엇인지 찾아내 인식하고 엄마와 합의에 이를 때까지 인내력을 가지고 대화를 이어간다. 폭력에 대해서만은 이유 여하를 막론하고 단호히 "안 돼!"를 강조하지만, 그 밖의 모든 문제는 민주적인 대화와 타협을 통해 풀어나가기 위해 노력한다.

  독일 엄마들은 아이가 말귀를 알아듣기 시작하면 가르치려들거나 명령하거나 지시하기보다 이렇게 서로의 의견을 묻고 대답함으로써 해답을 찾는 데 익숙하다. 유년기에 엄마와의 관계 속에서 보고 따라 하며 배운 관계 형성 기법이 평생 동안 타인과의 문제를 해결하기 위한 합의 수단이 되는 것이다. 아울러 독일 정부의 탁월한 국가 차원 협상 능력 또한 이러한 교육에서 비롯된 것이다.

  아무리 작은 주제라 할지라도 독일인은 상호 공감대를 형성하기 위해 끊임없이 대화하고 비판하고 토론한다. '시답지 않은 테마를 두고 무엇 때문에 저리도 열을 올리고 있을까'란 생각이 들 정도로 다른 사람의 생각을 존중하면서도 잘못된 부분에 대해서는 날선 비판을 불사한다.

또한 자기보다 연배가 높은 상대라고 해서 비판과 대화에서 도덕적 잣대를 의식하며 주저하지 않는다. 이런 자세는 자기보다 어린 상대를 대할 때도 마찬가지다. 나이가 어리다는 이유로 연륜을 거론하며 예의를 강요하거나 무시하려 들지 않고 대화 상대로서 존중한다. 이런 태도를 견지하며 마지막 협상에 이를 때까지 인내력을 가지고 토론하는 모습이 흔히 볼 수 있는 독일 사람들의 갈등 해결 방법이다.

국가적 문제는 물론 지역 사회의 갈등을 해결하는 방식에서도 독일인의 가장 큰 강점은 바로 이러한 자유롭고 민주적인 토론을 통한 협상 능력인 것 같다.

신기한 것은 문제가 발생하면 끊임없는 대화와 토론을 통해 해결 방법을 모색하지만 얼굴을 붉히며 감정을 드러내거나 인신 공격성 발언은 좀처럼 하지 않고 테마에만 집중한다는 점이다. 이와 같은 독일인들의 토론 문화가 처음엔 참으로 신기했다.

미래 시대가 요구하는 지도자상은 전통적인 가치 판단 기준인 지식과 도덕적 완결성은 물론 대화와 타협을 통한 협상 능력을 겸비한 리더다. 지적으로 아무리 유능한 지도자라 할지라도 대화와 타협에 무능하면 어떤 결과를 초래하는지 우리는 잘 알고 있다.

그러나 중요한 것은 이러한 능력이 단기간에 연습을 통해 형성될 수 없다는 사실이다. 자식을 낳아 키우고 가르치고 모범을 보이는 엄마의 교육이 얼마나 중요한지 알 수 있는 대목이기도 하다.

독일 부모가 몬테소리 학교를 찾는 이유
12

 우리 아이들이 어릴 때 함께 탁구 클럽에서 탁구를 치던 알렉스라는 친구가 있었다. 큰아이보다 몇 살 어리고 작은아이보다는 몇 살 많은 아이였다. 운동 신경이 남달리 좋고 클럽 활동도 적극적이던 아이는 항상 클럽에서 돋보였다. 아이도 물론이지만 아이 아빠 또한 같은 탁구 클럽 장년부 선수로 활약이 대단했다.

 당시 탁구 클럽 사람들은 아이를 볼 때마다 농담처럼 "알렉스는 분명 분데스리가까지 갈 수 있을 거야"라고 했다. 아이는 이제 겨우 유치원생이었지만 실력이 남달랐고, 부모도 열심히 지원하는 것 같아 일견 가능성 있어 보였다. 작은 동네 스포츠 클럽에서 운동을 하고 있지만, 독일 사람들은 분데스리가가 바로 눈앞에 보이는 것처럼 이야기하는 경우가 종종 있다. 이는 아마추어와 프로 선수가 하나의 사슬로 엮어져 있기 때문이다. 동네의 소규모 스포츠 클럽부터 분데리스가까지 피라미드 모양의 경기 대진표가 누구나 볼 수 있도록 하나로 정리되어 있다.

우리 아이들은 탁구를 그만둔 지 오래 되었다. 하지만 아직도 탁구 클럽에 다닐 때의 대진표를 찾아보면 당시의 승률과 어느 단계까지 올라갔었는지 확인할 수 있다. 동네 꼬마들의 경기부터 분데스리가 선수의 경기까지 하나의 대진표이기 때문에 스포츠 동호회 사람들은 누구든 분데스리가까지 올라갈 수 있다는 희망을 안고 운동한다.

실제로 대부분의 프로 선수가 그런 과정을 거쳐 정상까지 올라가기 때문에 특별한 일은 아니다. 그런데 생각이야 모두에게 자유지만, 실제 피라미드 정상에 있는 분데스리가까지 가는 길이 멀고도 험난하다는 사실 또한 모두들 알고 있다. 그러나 이러한 생활 체육 시스템은 '누구에게든 기회는 열려 있어야 한다'는 독일 교육 정책의 한 단면을 엿볼 수 있는 부분이기도 하다.

큰아이가 초등학교 진학을 고민하던 때였다. 아이들을 데리러 동호회에 갔다가 알렉스 아빠를 만나 진학에 관해 인사치레로 물었는데 의외의 대답을 듣고 놀라지 않을 수 없었다.

"알렉스는 어느 학교에 가기로 했나요?"

"우리 아이는 몬테소리 학교에 보내기로 했어요."

"바로 옆 동네에 있는 몬테소리 학교 말인가요?"

"네, 집에서 약간 멀리 있어 좀 걸어야 하지만 그 학교로 정했어요."

"그런데 거긴 장애가 있는 아이들이 다니는 특수학교가 아닌가요??"

"장애인 전문 학교가 아니라 혼합 학교예요. 장애를 가진 아이뿐만 아니라 정상적인 아이들도 다닐 수 있어요."

"왜 집 옆에 있는 학교를 두고 굳이 멀리 떨어진 학교에 보내려는 거죠?"

"크게 중요한 이유가 있는 건 아니고, 아이가 좀 더 다양한 사람들을 이해하고 함께 사는 데 익숙해지길 바라는 마음에서요. 우리 알렉스는 형제가 없어 사회성이 떨어지지 않을까 걱정스럽기도 하고요. 그 학교에 가면 몸이 불편한 친구를 도와주어야 하기 때문에 책임감과 봉사하는 마음도 자연스럽게 생길 수 있고 좋을 것 같아요."

"그런 이유라면 나이가 좀 더 들었을 때 보내도 되지 않을까요?"

"어렸을 때부터 익숙해지는 것과 습관이 굳어진 다음에 시작하는 것은 좀 차이가 있을 수 있죠. 나는 우리 아이가 공부를 잘하고 못하고는 크게 상관이 없지만, 자기와 다른 사람들을 편견 없이 받아들이는 어른이 되었으면 좋겠어요."

이렇게 이야기한 알렉스 아빠는 김나지움의 영어 교사였다. 교육에 대한 독일인의 생각을 어지간히 이해하고 있다고 생각하던 나는 또다시 뒤통수를 맞은 듯했다.

그리고 생각해보았다. 이런 부모들이 키운 아이가 훗날 리더로 성장한다면 얼마나 훌륭한 사회를 만들 수 있을까. 백날 자식을 어떻게 하면 훌륭하게 키울까 고민하지만 여전히 내게는 모험이라고 생각했던, 아니 생각조차 못해보았던 그런 선택이 새삼 존경스럽고 한편으론 부끄러웠다.

메르켈 총리를 키운
독일의 가장 자랑스러운 어머니
13

지난 2013년 앙겔라 메르켈(Angela Merkel)이 세 번째 독일 총리에 당선된 후 당선 소감을 발표하는 순간 카메라의 포커스가 집중된 곳은 그녀의 어머니가 앉아 있는 자리였다. 수많은 카메라 플래시가 관중석에 앉아 딸의 당선 소감을 경청하는 85세 노모를 향해 터졌다.

메르켈은 당선 소감에서 그녀를 지지하고 도와준 당원 동지들에게 고마움을 전하며 자신이 그 자리에 있기까지 끝없이 지원하며 지켜보아준 어머니 헤를린트 카즈너(Herlind Kasner)에게 특별히 감사의 인사를 표현해 잔잔한 감동을 일으켰다. 이날 독일 언론은 메르켈의 어머니 헤를린트 카즈너를 '독일의 가장 자랑스러운 어머니'로 명명했다.

미국의 유명한 경제 잡지 〈포브스〉가 선정한 '세계에서 가장 영향력 있는 100인의 여성' 중 1위를 한 독일 최초의 여성 총리 앙겔라 메르켈. 그녀는 10년이 넘는 세월 동안 독일인의 신뢰와 인기를 얻으며 유럽 최고의 영향력을 행사하고 있는 총리다. 동베를린의 물리화학연구소에서 일개 연구원으로 일하던 여성 과학도가 통일 독일 최초의 여성 총리가 되어 유럽을 이끌게 된 힘은 어디로부터 나온 것일까?

메르켈 총리의 리더십을 일컬어 '엄마 리더십'이라고 부르기도 한다. '엄마 리더십'은 메르켈 총리의 포용 정치를 미화한 수사다. 여기서 '엄마'는 자식을 위해 희생하고 가족을 위해 헌신하는 엄마의 모습이 아니다. 단지 내 자식의 이익이나 성공만을 위해 달리는 엄마가 아닌, 옆집 아이도 내 아이처럼 사랑으로 안아줄 수 있는 넓은 품을 가진 엄마다. 사실 아무나 흉내 낼 수 있는 평범한 엄마의 모습은 아니다. 그러나 함께 어우러져 살아갈 수밖에 없는 공동체의 삶에서 가장 모범적이고 지향해야 할 엄마상이기도 하다.

메르켈 총리의 '엄마 리더십'은 독일의 이익뿐 아니라 유럽과 세계를 평화와 안정으로 이끌고 있다. 대표적으로 독일 극우 세력의 십자포화 속에서도 포용의 이민 정책을 포기 않은 것을 예로 들 수 있다. 훌륭한 지도자는 자국의 이익과 발전을 위해서만 정치력을 발휘하는 것이 아니라, 국가의 목표를 올바른 방향으로 견인할 수 있을 때 그 진가가 발휘된다고 할 수 있다. 그런 일들을 훌륭히 해내고 있기 때문에 메르켈의 이름 뒤에는 '엄마 리더십'이라는 포용의 수사가 따라다니는 것이다.

독일의 가장 자랑스러운 어머니 헤를린트 카즈너는 유럽의 최고 지도자가 된 앙겔라 메르켈을 어떻게 키웠을까. 많은 사람이 메르켈의 유년 시절에 대해 궁금증을 가지고 있지만 애석하게도 다른 유명 정치인들과 달리 알려진 바가 많지 않다. 메르켈은 자신의 신변이나 사생활을 남에게 드러내는 것을 꺼려하는 정치인이기 때문이다. 그런데 그녀의 이러한 처신 역시 가정 교육의 산물이기도 하다는 평이 있다.

앙겔라 메르켈은 1954년 목사인 아버지 호르스트 카즈너(Horst Kasner)와 라틴어와 영어 교사이던 어머니 헤를린트 카즈너 사이에서 2녀 1남 중 장녀로 태어났다. 그녀는 서독에서 출생했지만 태어난 지 한 달 반 만에 동독으로 이주했다. 아버지가 구동독의 브란덴부르크에서 목회를 시작했기 때문이다.

메르켈은 통일이 될 때까지 구동독에서 유년과 청년기를 보냈다. 당시 공산주의가 지배하던 동독은 종교를 체제의 암적 존재로 규정해 교묘한 수법으로 탄압을 일삼았다. 메르켈의 부모는 동독에 정착하자마자 비밀경찰인 슈타지(Stasi: 1950년부터 1990년까지 존재했던 동독의 정보 기관)의 반체제 인사 명단에 이름이 올라 공안 당국의 감시를 받았다. 메르켈 역시 기독교 가정에서 자란다는 이유로 학교와 지역 사회로부터 차별을 받을 수밖에 없었다. 그런 메르켈의 사상과 교육에 가장 많은 영향을 준 사람은 아버지와 어머니였다.

그녀의 부모는 자녀들이 어릴 때부터 비밀리에 서독 텔레비전을 보여주며 자유민주주적 사고를 교육하기 위해 심혈을 기울였다. 가족이 항상 감시 속에서 살았기 때문에 메르켈은 집 안에서 이루어지는 일들을 외부에 알리지 않는 데 익숙했다. 부모로부터 그래야만 하는 이유에 대해 어릴 때부터 철저히 교육받았기 때문이다.

이웃은 물론 메르켈의 학교 교사들조차 카즈너 가족이 동독 사회와 전혀 다른 이념의 바탕 위에서 독서를 하고, 대화를 나누고, 언론을 접한다는 사실을 모르고 있었다. 메르켈의 부모는 비밀스러운 교육을 통해 자녀들의 미래에 대한 청사진을 그리고 있었던 것이다.

그런 가정 교육의 영향 때문인지 지금도 메르켈은 자신의 속내를 좀처럼 드러내지 않는 정치인으로 알려져 있다. 가정 교육의 영향도 있었겠지만 유년기부터 이상과는 다른 체제에서 살아남기 위해 길들여진 처세술인지도 모른다.

어머니 헤를린트 카즈너는 앙겔라와 두 동생을 홈스쿨링을 통해 직접 가르칠 정도로 자식 교육에 정성을 기울였다. 어머니의 영향을 받은 메르켈은 어학에 남다른 재능을 보여 동독에서 개최한 러시아어 경진 대회에서 1위를 할 정도였다. 그녀는 어머니의 홈스쿨링을 통해 언어뿐만 아니라 정치 사회에 대한 깊고 폭넓은 지식을 접할 수 있었다.

메르켈은 라이프치히 대학에서 물리학을 공부하고, 동베를린의 중앙물리화학연구소(ZIPC)에서 연구원으로 일했다. 당시 메르켈은 젊은 과학도로서 삶을 살고 있었지만 동독 사회의 변화에 주목하면서 정치, 사회, 국제 문제에 대한 관심의 끈을 놓지 않았다. 특히 텔레비전 시사 프로그램을 직접 접함으로써 서유럽의 정치 상황에 주목했다.

메르켈은 유년기 때부터 동독의 공산주의 체제에 살면서 미디어나 서적을 통해, 혹은 부모를 통해 자본주의 정치 체제를 교육받았기 때문에 반대되는 두 체제에 익숙했다. 그 덕분에 통일 독일의 총리로서 이질적인 두 체제를 통합으로 견인하는 데 역량을 발휘할 수 있었던 것이다. 그녀는 상호 대립적인 가치관을 분석하고 통합해 받아들이는 능력이 탁월한 정치인이다.

메르켈은 갑자기 닥친 독일 통일을 계기로 정치에 입문하긴 했지만 어린 시절부터 이러한 부모의 교육을 통해 자유민주주의에 대한 가치관이 확고했다. 아버지는 그녀에게 정치적 역량을 심어주었고, 어머니는 가정 교육을 통해 자유와 책임, 인내와 성실을 가르쳤다.

언젠가는 공산주의의 억압에서 벗어나 자유민주주의 문이 열릴 것이라는 믿음을 갖고 자녀를 교육시킨 것이다. 어머니로부터 인내를 자산으로 물려받은 메르켈은 참고 기다리며 성공적으로 후일을 도모하는 역량을 갖춘 정치인이 되었다.

또한 그녀는 서민에 대한 따뜻한 마음을 갖고 있는 정치인으로 평가받는다. 이 또한 부모로부터 물려받은 유산이다. 목회자였던 메르켈의 아버지는 소외 계층을 위한 사회 활동에 헌신하는 삶을 살았다. 당국의 감시 속에서도 목회와 함께 정신지체 장애아를 위한 직업 교육을 실시했다. 메르켈은 아버지의 이러한 이타적인 삶과 어머니의 봉사정신을 지켜보며 공동체와 소외 계층 그리고 소수자를 향한 남다른 사명감을 키울 수 있었던 것이다.

아이를 장사꾼으로 키우는 독일 엄마
14

봄이 되면 독일에서는 플로마크트(Flohmarkt)라는 벼룩시장이 동네마다 열린다. 큰 도시 단위의 대규모 플로마크트는 물론 작은 동네마다 혹은 유치원이나 학교 등에서 소규모 벼룩시장이 수도 없이 열리기 시작한다. 보통 봄에 시작해서 여름과 가을까지 이어지는 플로마크트는 독일인의 생활에 깊숙이 들어와 이들 문화의 한 부분을 차지하고 있다.

플로마크트는 '벼룩'이란 의미의 플로(Floh)와 '시장'을 뜻하는 마크트(Markt)의 합성어로 일반인들이 가정에서 필요 없는 물건을 가지고 나가 싼값에 파는 중고 시장이다. 벼룩시장에 나가 물건을 파는 보통 사람들에게 플로마크트는 돈을 벌기 위해서라기보다 버리기는 아깝고 그렇다고 마냥 끌어안고 살자니 짐이 되는 물건을 처분하기 좋은 기회다. 또 목돈이 필요한 청소년들은 부모로부터 받은 중고 제품이나 자신이 쓰던 책 학용품 옷가지를 팔러 나가기도 한다.

간혹 일반인이 참여하는 데 의의가 있는 본래의 취지에서 벗어나 영세 상인들이 허름한 물건을 들고 나와 싼값에 팔기도 하지만, 여전히 플로마크트는 누구에게나 열려 있고 많은 사람의 활발한 참여로 운영되고 있다. 그 때문에 경우에 따라서는 백화점 또는 고급 상점에서나 살 수 있는 값비싼 물건을 놀라울 정도로 싼값에 살 수도 있다. 어떤 때는 포장도 뜯지 않은 새 물건을 거의 무료로 얻을 수도 있다.

독일에 와서 학생으로 지낼 때는 형편이 넉넉하지 않아 플로마크트를 적지 않게 활용했다. 특히 아이들 옷이나 장난감 같은 것은 좋은 물건을 싸게 살 수 있어 일요일이면 산책 겸 벼룩시장을 찾곤 했다. 또 우리도 아이들과 함께 이사를 앞두고 플로마크트에 나가 물건을 팔아보기도 했다. 이사하기 전에 불필요한 가재 도구를 처분하기 위해서였다.

벼룩시장에 가면 아이들이 옹기종기 모여 자기가 쓰던 학용품이나 장난감을 파는 모습을 쉽게 볼 수 있다. 초등학교 1~2학년 정도로밖에 보이지 않는 어린 아이부터 김나지움 졸업을 앞둔 청소년까지 다양하다.

한 번은 부모와 함께 와서 자신이 가져온 물건들을 따로 펼쳐놓고 있는 초등학교 1학년쯤 되어 보이는 아이가 너무나 귀여워 한참을 지켜본 적이 있다. 어떤 물건들을 가지고 나왔는지 궁금해서 기웃거리고 있는데, 장난감을 사려는 손님이 다가와 가격을 물었다.

아이는 작은 목소리로 쑥스럽게 가격을 이야기했다. 손님은 아이를 한 번 보고 부모를 한 번 바라보더니 좀 싸게 해줄 수 없냐고 물었다. 자신이 받을 가격도 간신히 이야기한 아이는 뜻하지 않게 손님이 흥정을 걸어오자 어찌할 바를 모르며 얼굴이 벌겋게 달아오르더니 도와달라는 눈빛으로 엄마를 바라보았다.

벼룩시장에서는 보통 더 싸게 사기 위해 흥정을 많이 하는데, 물건 파는 사람들이 쉽게 깎아주기도 하기 때문에 큰돈은 아니지만 재미로라도 한 번씩 흥정을 벌이곤 한다. 아이는 그런 손님을 만난 것이다. 그런데 아이의 도와달라는 눈빛에 엄마는 '네가 한 번 혼자 해봐' 하듯 고개만 끄덕이곤 손님을 보고 눈을 찡긋거리며 웃었다.

아이는 계속 머뭇거리다가 눈빛으로 응원하는 엄마를 보며 용기를 얻었는지 작은 목소리로 손님이 원하는 가격과 자신이 받으려는 가격의 절반을 제시했다. 처음 하는 거래에 용기가 필요했지만 아이는 부모를 통해 이미 거래의 기본 자세를 배운 듯했다. 아니면 벼룩시장에 나오기 전에 엄마에게 흥정하는 법을 간단히 배웠을지도 모른다는 생각이 들었다.

손님은 아이가 제시한 금액에 흔쾌히 장난감을 사갔다. 약간은 부끄럽기도 하고 용기가 필요한 거래였지만 아이는 첫 장사에 성공한 것이다. 손님이 고맙다는 인사를 하고 자리를 뜨자 아이는 상기된 얼굴로 엄마에게 달려가 품에 안겼다. 엄마는 잘했다고 칭찬하며 뽀뽀 세례를 퍼부었다. 잠시 후 자기 자리에 돌아온 아이는 이전보다 더 자신감에 차 있는 모습이었다. 이제는 엄마의 응원 없이 혼자서도 할 수 있다는 듯 당당한 장사꾼의 모습으로 변해 있었다.

이는 플로마크트에서 흔히 볼 수 있는 광경이다. 마치 캠핑을 온 듯 벤츠 같은 고급 승용차를 뒤에 세워두고 커다란 파라솔 아래서 하루 종일 온 가족이 일광욕을 즐기며 장사를 한다. 아이들은 부모와 떨어져 한쪽 귀퉁이에 작지만 자기만의 판을 벌여놓고 직접 물건을 판다. 이것이 바로 독일 엄마들의 경제 교육 현장이기도 하다. 이렇게 독일 아이들은 모두 흥정을 잘하는 장사꾼의 기술을 익힌다.

"우리 아이는 아직 물건값을 몰라요."

"우리 아이는 아직 돈을 몰라요."

"우리 아이는 아직 돈에 대한 개념이 없어요."

내가 어릴 때 가끔 들었던 얘기다. 어른이 되어서도 자신의 아이에게 경제 관념이 없다는 게 마치 순수함의 증거인 양 자랑처럼 이런 말을 늘어놓는 부모들을 보았다. 아직도 우리의 도덕성을 지배하고 있는 유교적 관습은 돈이 가장 갖고 싶은 재화임에 분명하지만 그렇다고 남 앞에서 돈에 대한 욕심을 당당히 밝히기도 껄끄럽게 만든다.

독일 아이들은 일찍 부모 곁을 떠나 독립하기 때문에 독일 엄마들은 올바르게 용돈을 쓰는 습관을 들이기 위해 노력하는 한편 일찌감치 돈 버는 요령을 가르치기도 한다. 초등학교 저학년 때는 물건을 파는 일이나 흥정이 서툴기도 하지만 중고등학교 정도가 되면 이미 훌륭한 장사꾼이다.

자식을 장사꾼으로 키운다고 하면 얼핏 '계산에 밝은, 혹은 돈을 밝히는 사람으로 키우라는 말인가?'라는 의문을 가질 수도 있다. 장사꾼이라는 말 속에는 당연히 계산에 밝고 돈의 가치와 용도에 대해서도 정확히 알고 있는 사람이라는 의미를 내포하고 있다. 그러나 독일 엄마들의 장사꾼 교육 속에는 돈이라는 단순한 물질적 화폐의 가치만 있는 게 아니다. 오히려 그 가치를 창출하기 위한 창의적 사고 및 타인과의 소통을 중시하는 거래 능력 등을 업그레이드할 수 있는 열정적 비즈니스 마인드를 총망라한다.

가정 교육뿐 아니라 학교 교육도 이와 맥락이 비슷하다. 독일 아이들은 부모와 학교로부터 어릴 때부터 창업을 학습한다. 독일인이 선호하는 직업도 우리와 별반 다르지 않다. 그런데 한 가지 다른 면이 있다면, 그 선호하는 직업도 궁극적으로는 창업을 위한 학습 단계일 뿐이다. 독일 직업 교육의 근간인 아우스빌둥도 단순히 직업 현장의 기술자를 양성하는 데 주안점을 두지 않는다. 모든 아우스빌둥은 기술과 함께 기업 경영, 관리, 세무 회계 등 기업체 운영을 위한 기본 지식을 필수로 이수해야 한다. 직업 교육 대상자인 청년 아추비(Azubi)와 학부모, 현장 교사들은 공통적으로 아우스빌둥의 최종 목표가 창업이라는 데 이견이 없다. 취업은 창업이라는 큰 계획을 실현하는 과정에서 경험 축적을 위한 필요 조건일 뿐이다.

인내보다는
솔직한 표현을 가르친다
15

"남자는 태어나서 세 번만 울어야 한다", "남자는 넘어져도 울면 안 된다", "술을 잘 마실 줄 알아야 진짜 남자야", "진짜 남자는 말이야……" 등등. 한국은 남자에게 유독 인내를 강요하는 부분이 많은 것 같다. 그렇다고 여자가 예외라는 것은 아니다. 남자에게 용기와 인내를 강요한다면 여자는 순종과 자기 헌신을 강요받고 있다고 생각하는 건 나만의 착각일까? 지금은 많이 달라졌지만 여전히 남아 있는 유교적 문화는 여자든 남자든 자기 감정을 억제할 줄 아는 사람에게 칭찬을 아끼지 않는다.

그러나 내가 본 독일인은 자기 감정을 솔직하게 표현하는 데 익숙하다. 남자든 여자든 아프면 아픈 만큼 소리를 지를 수 있고 엉엉 울 수 있다. 술자리에서 아무리 분위기에 휩쓸려도 "나는 술을 마시지 않는다"고 솔직히 밝히고, 무리의 권유를 사양할 수 있을 때 진정 용기 있는 사람이라고 가르친다.

길을 가다가 크게 다치지는 않았지만 아이가 넘어져 울 때, 부모들의 반응은 각기 다를 것이다. 부드럽고 친절한 부모라면 "아이, 많이 아프겠다. 호 불어줄게"라든지 "우리 ㅇㅇ이 착하다. 벌떡 일어나서 잘 걸을 수 있나 한번 볼까"라고 친절하게 대응할 것이고, 보통의 아빠나 좀 냉정한 엄마라면 "남자가 씩씩해야지 그깟 일로 울면 안 돼"라든가 "다치지 않았네. 조금만 참으면 나으니까 울지 마" 혹은 "사람들이 보네, 아이, 창피해, 얼른 일어나야지"라면서 우는 아이를 달래려 할 것이다.

독일 엄마들은 아이들이 울면 엄살이든 아파서 그러든 울음을 그치라고 달래지 않는다. 그저 울음을 그칠 때까지 아이를 꼭 안아주며 함께 아파하고 슬퍼한다. 아이들이 아프거나 칭얼거리고 싶을 때 엄마 품만큼 안정감을 주고 엄마가 함께 아파해주는 것만큼 큰 위안을 주는 일이 어디 있을까 싶다.

나는 한국에서 첫째를 낳고 독일에 와서 둘째를 낳았다. 첫째를 낳을 때 입원했던 대학 병원에서는 산모들이 바로 옆 침대에 나란히 누워서 아이를 낳는 순간까지 침대 난간을 붙들고 신음해야 했다. 그러다 보니 바로 옆에 있는 산모와 진통에 대처하는 모습이 비교될 수밖에 없었다.

어떤 산모는 죽어라 비명을 지르고 어떤 사람은 비명도 모자라 끝없이 남편을 욕했다. 그런데 어떤 산모는 참을 수 있는 순간까지 신음만 내면서 고통을 속으로 삭이는 데 익숙했다. 당연히 의사나 간호사 입장에서는 자신들을 편하게 해주는 인내심 많은 산모가 좋았을 것이다.

내가 바로 작은 신음만으로 고통을 속으로 삭이는 산모였다. 가끔 지나가며 산모의 상태를 살피던 간호사들이 내게는 특별히 잘하고 있다며 칭찬을 아끼지 않았다. 당시엔 나 자신도 내가 잘한다고 믿었고, 고통을 참는다고 칭찬받는 일이 뭔가 잘못되었다고 생각해본 적이 없다.

독일 병원에서 둘째를 낳을 때 출산 과정을 잊을 수 없다. 첫째나 둘째나 출산의 고통은 비슷했다. 둘 다 양수가 먼저 터져 24시간이 넘도록 병원 침대에서 진통을 겪어야 했다. 독일에서도 나는 한국에서처럼 여전히 진통을 속으로 삭이기 위해 노력했다.

그런데 독일 병원에서는 그런 내 모습을 의아해할 뿐 칭찬하지 않았다. 진통을 참고 신음만 내고 있는 내게 담당 의사와 간호사, 출산 도우미인 헤바메(Hebamme)는 비명을 지르거나, 병실을 돌아다니거나, 팔짝팔짝 뛰기라도 하라고 계속 권유했다. 고통을 이겨내는 데 조금이라도 도움을 줄 수 있는 행위를 해보라는 것이다. 그런데 그것도 훈련된 사람들이나 쉽게 할 수 있는 일이지, 참는 데 익숙한 나는 안으로 삭이는 신음을 힘들게 토해낼 뿐 24시간 동안 비명 한 번 속 시원히 질러보지 못했다.

결국 안쓰럽게 지켜보던 헤바메가 수중 분만을 유도하고, 진통이 올 때 호흡을 도와주고, 나를 침대에서 일으켜 세우더니 손을 잡고 분만실을 왔다 갔다 하게 해주었다. 그런데 그렇게 분주하게 움직이다 보니 기분인지는 몰라도 침대에 누워만 있는 것보다 시간이 빨리 가는 것 같고, 잠깐이라도 고통을 잊을 수 있었다. 사람들이 자꾸 무엇인가 행동으로 고통을 표현해보라고 권한 이유를 알 수 있을 것 같았다.

사람들은 때와 장소를 가리지 않고 감정 표현을 솔직하게 하는 사람에게 인상을 찌푸리기도 한다. 가정 교육을 제대로 받지 못했다며 손가락질

하기 일쑤다. 독일에서 살아온 세월이 적지 않고 시간이 지날수록 조금씩 생각이 바뀌고 있지만, 지금도 여전히 나는 솔직한 감정 표현보다는 인내에 익숙하고, 그런 방식이 내 의식 저변에 옳다는 생각으로 변함없이 자리하고 있다. 세 살 적 배운 도둑질이 여든까지 간다는 말이 틀리지 않는 것 같다.

작은아이를 낳은 후부터 나는 인내에 관한 한 양육 태도를 바꾸기 위해 노력했다. 나 스스로는 변하지 못할지언정 우리 아이들에게는 솔직하게 감정을 표현하면서 살도록 해주고 싶었기 때문이다. 넘어져 다치거나 슬픈 일이 있으면 남자라도 소리 내면서 울라고 가르쳤다. 또 화가 나면 화내고, 소리 지르고 싶으면 마음껏 소리도 지르라고 했다. 버릇없는 행동에 대해서는 따끔하게 훈육을 했지만 감정 표현만큼은 마음껏 하면서 자라길 바랐다.

그렇게 키우기 위해 노력했음에도 불구하고 우리 아이들의 표현 방식이나 태도는 역시 한국 아이답다. 한국에서 교육받고 자란 경우보다는 감정을 표현하는 데 적극적일지 몰라도 역시 우리 아이들은 그 나이 또래 독일 아이들과 비교해보면 감정 표현에 약하다는 것을 문득문득 느끼곤 한다.

지갑을 따로
여는 엄마와 딸
16

둘째 아이가 초등학교에 다닐 때 아이 친구 엄마와 함께 선생님 선물을 사러 백화점에 갔다. 2년 동안 정든 선생님과 작별을 하게 되어 아이들과 부모들의 마음을 담은 작은 선물을 준비해 전달하기로 학부모 회의에서 결정했기 때문이다. 한 학생당 1유로씩 걷어 20유로 남짓한 돈을 들고 선생님을 기쁘게 해드릴 수 있는 선물을 고른다는 것은 만만한 일이 아니었다. 교사에게 선물할 수 있는 금액이 20유로 이하이기 때문에 적은 돈으로 최대한 좋은 선물을 사려다 보니 한참을 고민하고 이곳저곳 기웃거려야 했다.

그날 우리는 식사도 함께하고 우리 자신을 위한 쇼핑도 하는 시간을 가졌다. 그런데 한 선물 가게에서 상품을 구경하던 한 아이가 마음에 드는 예쁜 필통을 발견하고는 엄마에게 사고 싶다고 말했다. 몇 유로 하지 않는 작은 필통을 사겠다는데 매정하게 반대할 엄마는 많지 않을 것이다. 그 애 엄마도 꼭 사고 싶다면 그러라며 흔쾌히 허락해주었다.

그런데 엄마의 허락을 받은 아이는 계산대에서 스스로 자신의 지갑을 열어 계산했다. 그러다 돈이 부족했는지 엄마에게 1유로만 빌려줄 수 있는지 물어보았다. 엄마는 인심 좋게 빌려주지 않고 이번엔 특별히 1유로를 보태주겠다며 여유 있는 모습을 보였다. 아이는 깍듯이 고맙다는 인사를 하고 엄마 볼에 뽀뽀를 하며 필통값을 계산했다.

엄마와 아이가 계산대 앞에서 각자 지갑을 여는 모습은 독일에서 흔히 볼 수 있는 쇼핑 풍경이다. 물론 가격이 높은 옷이나 신발 등 필수품은 엄마가 직접 사준다. 하지만 아이 스스로 선택한 작은 팬시용품이나 군것질거리 등은 아이 스스로 계산하는 경우가 많다.

초등학생이라도 계산대 앞에서 엄마와 나란히 각자의 지갑을 여는 모습을 보면 더 이상 철부지로 여겨지지 않는다. 이런 방식으로 독일 엄마들은 아이가 경제적으로 자립할 수 있는 능력을 키워주는 것 같다.

어릴 때부터 네 것 내 것을 확실히 하는 교육 방식이다. 물론 용돈은 엄마가 주겠지만, 그 용돈의 범위에서 규모 있게 쓰는 것은 아이의 몫이다. 함께 쇼핑을 나갔다고 해서 생일이나 특별한 날 선물을 사주는 것이라면 모를까 이유 없이 아이가 원하는 물건을 사주지는 않는다.

어릴 때는 쇼핑이든 산책이든 엄마와 함께 나가는 걸 좋아했던 아이들이 나이가 들면서 엄마보다는 친구를 좋아해 내심 서운할 때도 있다. 특히 사춘기 남자아이들은 엄마와 다니면 혹시 마마보이로 보이지 않을까 공연히 주변 눈치를 보는 것 같기도 하다.

한번은 작은아이가 쇼핑만큼은 엄마와 함께 가는 게 좋다고 해서 내심 반가웠다. 그런데 그 이유가 황당해서 웃고 말았다. 엄마와 다니면서 자기가 사고 싶은 물건을 슬쩍슬쩍 주워 담을 수 있으니 남는 장사라는 얘기였다. 이 말을 들으면서 독일 엄마들의 계산법을 떠올린 나는 무엇인가 아이를 잘못 교육시키고 있는 것은 아닌지 걱정스럽기도 했다.

독일 아이들은 중고등학교를 졸업하면 대학을 가든 직업 교육을 받든 자연스럽게 부모로부터 독립하는 경우가 많다. 독립이 빨라서인지 아주 어릴 때부터 철저하게 경제 교육을 받으며 자란다.

모든 대학생이나 직업 학교 학생들은 바펙(BAföG)이라는 정부 지원금을 받을 수 있기 때문에 쉽게 독립을 결정할 수 있다. 바펙은 부모의 수입에 따라 차별적으로 지급하는데, 부모의 수입이 전혀 없는 학생은 바펙만으로도 충분히 생계를 유지하면서 학교를 다닐 수 있다. 또 부모의 수입 때문에 적게 받을 경우는 부모의 수입 고하에 따라 발생한 차액만큼 자녀를 지원해야 할 의무가 있다.

가끔 부모의 수입 때문에 바펙을 충분히 받지 못했는데도 차액을 지원받지 못했다며 부모를 고소해 법정에 세우는 사례도 있다. 이럴 경우 당연히 자식이 승소하고, 부모는 지불 의무 판정을 받는 것이 보통이다. 극히 드물기는 하지만 독일에서는 충분히 일어날 수 있는 일이고, 언론을 통해 간간이 보도되는 사건이기도 하다.

바펙과 부모에게 받은 지원금으로 최소한의 생계와 대학 생활이 가능하지만, 좀 더 여유로운 생활을 위해 스스로 아르바이트를 찾기도 한다. 최저 생계비에서 얼마나 더 여유 있게 생활할 수 있느냐는 본인이 얼마나 부지

런하고 규모 있는 경제 관념을 갖고 있느냐에 달려 있는 것이다.

독일 아이들은 공동체에 필요한 경비도 스스로 해결하는 데 익숙하다. 김나지움이나 레알슐레 등 상급 학교 학생들은 졸업 파티 때 많은 돈이 필요하다. 졸업 파티는 학창 생활 중 가장 화려하고 사치스럽게 치르는 행사 중 하나다. 김나지움 학생들의 경우는 12학년을 마치면서 하는 졸업 파티를 위해 2년 전부터 공동 비용을 모으기 시작한다.

학교 행사 때 케이크나 음료를 팔아 모으기도 하고, 그래도 부족하면 머리를 맞대고 돈을 벌 수 있는 다양한 아이디어를 짜낸다. 어떤 아이들은 도매로 물건을 사다가 장사를 하기도 하고, 각자의 집에서 십시일반 모은 헌 옷들을 벼룩시장에 내다팔기도 한다.

졸업 파티를 위해 모은 돈은 그 학년 학생들의 능력에 따라 모두 다르기 때문에 파티의 규모나 수준도 달라질 수밖에 없다. 비용을 넉넉히 마련하지 못한 졸업생들은 상대적으로 초라한 파티에 만족해야 한다.

눈치 빠른
아이로 키우기
17

 적지 않은 세월 독일에 살면서 독일인들의 보편적인 특성과 살아가는 모습을 경험할수록 그동안 막연히 가지고 있던 독일인에 대한 생각이 얼마나 한쪽으로 치우쳐 있었던지 자주 확인하곤 한다.
 서구 선진국, 특히 유럽이나 아메리카 대륙에 살고 있는 사람들에 대해 나는 막연한 선입견을 갖고 있었던 것 같다. 그들은 분명 개성 강하고 진취적이면서 남을 의식하지 않고 자기표현을 서슴없이 하는 사람들일 거라고 생각했다. 개성 강하고 진취적일 것이라는 생각은 일면 맞는 부분이 있지만, 남의 눈치를 살피지 않고 서슴없이 자기표현을 할 것이라는 선입견은 많이 변했다. 어디서나 남의 눈치를 보는 사람을 많이 보았기 때문이다.
 독일인은 의외로 남의 눈치를 많이 본다. 상대가 강압적이거나 주눅이 들어서 눈치를 보는 게 아니라, 스스로 타인과의 관계나 공공장소에서 눈치를 보는 일에 익숙하다. 또 먹고 입고 자신을 치장하기 위해 남의 눈치를 보는 게 아니라, 혹시 자신의 행동이 남에게 피해를 주지는 않을까라는 생각에 항상 주변을 살핀다. 어른들의 이러한 생활 태도나 의식은 가정 교육을 통해 자녀들에게 그대로 이어진다.

나는 독일 엄마들의 양육 태도를 보면서 눈치에 대해 많은 생각을 했다. 내가 만난 대부분의 독일 아이들은 눈치가 참 빨랐다. 아니, 교육을 통해 눈치 빠른 아이로 성장하고 있었다. 독일 엄마들은 눈치 없이 천방지축인 아이에게 순진하다는 긍정적 표현을 쓰지 않는다. 남을 배려할 줄 모르고 자기만 생각하는 사회 부적응 아동으로, 혹은 정신적인 질병을 앓고 있는 환자로 분류한다.

아무리 어린 아이라도 문밖을 나서기만 하면 엄마한테 가장 많이 듣는 잔소리는 안전과 남의 눈치를 살피라는 말이다. 시내에서 쇼핑을 하다가도 뒷사람이 바쁘게 길을 재촉하는 모습이 보이면 옆으로 비켜선다. 앞사람이 아니라 뒷사람까지 신경 쓰는 것이다. 레스토랑에서 다른 손님을 방해하지 않기 위해 조용히 앉아 음식을 먹는 예절은 아주 당연한 교육이다.

건강과 관련해 독일 아이들이 부모에게 가장 먼저 배우는 매너는 기침이나 재채기하는 법이다. 앞을 보고 콜록콜록 기침을 하거나 큰 소리로 고개를 흔들며 재채기하는 행위을 금지시킨다. 재채기할 때는 반드시 팔로 입을 가려 침이 다른 곳으로 튀지 않도록 해야 한다. 기침이나 재채기를 통해 타인에게 감기를 전염시킬 수도 있기 때문이다. 자신의 건강만큼이나 다른 사람의 건강도 중요하게 생각하는 교육이다.

어른도 그럴 수 있지만 특히 어린 아이들은 길에서 휠체어를 타고 있거나 목발을 짚고 있는 장애인을 만나면 신기한 듯 빤히 쳐다보는 경우가 있다. 그러나 정상적인 가정 교육을 받고 자란 독일 아이라면 보고 싶어도 눈치 빠르게 시선을 다른 데로 돌릴 것이다. 장애인의 기분과 혹여 타인의 눈빛 때문에 상대가 받을 수도 있는 상처를 생각하기 때문이다. 눈치 없이 자란 아이라면 여기까지 생각할 수는 없을 것이다.

사춘기 소녀들이 친구끼리 웃음을 참지 못해 깔깔거리는 경우를 가끔 본 적은 있지만, 공공장소에서 크게 웃거나 목청을 높여 이야기하는 사람은 드물다. 지금도 나는 슈퍼마켓이나 레스토랑에서 가끔 내 목소리에 내가 놀랄 때가 있다. 주변을 둘러보지 않고 무심코 이야기하다 보면 나도 모르게 예전 습관이 드러나기 때문이다. 이 나라에서 살 만큼 살았지만 때와 장소에 따라 목소리를 조절하는 게 좀처럼 익숙해지지 않는다.

또한 행동하기 전에 주변 분위기를 먼저 파악하는 것도 내게는 좀 더 세월이 필요한 모양이다. 거리나 문화 공간에서 다른 사람의 행동을 살피며 천천히 움직여야 할 때가 많은데, 언제나 그런 것을 잊고 '아차!' 할 때가 허다하니 말이다.

근래에는 자녀교육에 대한 생각이 얼마나 달라졌는지 모르지만, 1970~1980년대 내가 청소년이 될 때까지도 한국에서는 눈치 보는 아이를 별로 좋지 않게 생각했다. 마치 자식을 잘 키웠다는 듯 "우리 아이는 눈치가 없어"란 말을 자랑삼아 하는 엄마들도 있었다. 자기 아이를 홍보하는 것처럼 말하면서도 눈치 보는 아이는 잘못 교육받은 아이라는 어감을 심어 주곤 했다.

그런 분위기 속에서 유년기와 청소년기를 보낸 세대가 바로 지금의

50~60대다. 이제는 대부분 부모가 되었거나 일찍 결혼한 사람들은 이미 할머니 할아버지 소리를 듣고 있을 것이다. 우리 세대의 가난과 교육과 환경은 지금 아이들에겐 잊힌 역사인지도 모른다.

우리가 어릴 때 대한민국은 지금과 전혀 다른 형태의 가난이 지배하고 있었다. 당시에도 부자가 없었던 것은 아니지만 지금보다는 가난한 사람들이 더 많았다. 먹고 싶은 게 있어도 먹지 못하고 명품도 아닌, 재래시장에 내걸린 옷가지조차 입고 싶어도 살 수 없어 상처받는 아이들이 지금보다 많았다.

그러다 보니 가난한 아이들은 눈치가 늘 수밖에 없었던 것 같다. 밥상 앞에서도 마냥 맛있는 반찬에만 젓가락이 갈 수 없었다. 귀한 음식일수록 식구들이 모두 함께 나누어야 한다는 생각을 했기 때문에 알아서 적당히 먹었다. 입고 싶은 옷이 있어도 주머니가 가벼운 엄마의 눈치를 살펴야 했고, 거기다 형제까지 많아서 누울 자리를 보고 다리를 뻗는 데 익숙했다.

과거 우리는 이렇게 눈치 보는 아이들을 가난하고 비루하게 자랐다고 뭉뚱그려 생각했던 것 같다. 또 그렇게 자란 아이는 남 앞에 당당하게 설 수 없고 자신의 기를 펼 수조차 없다고 단정 지었다. 예나 지금이나 가난을 죄악시하는 사람들의 생각이겠지만, 당시엔 가난한 사람이 지금보다 더 많았기에 편견도 더 많았을 것이다.

그런 환경에서 자란 우리 세대의 엄마들은 자식을 어떻게 키웠던가. 마치 자신이 어린 시절 받았던, 세상으로부터의 시선에 한이라도 맺힌 듯 아이들을 눈치 없이 키우기 위해 노력했다. 내 자식의 기를 죽이는 타인의 어떠한 행위도 용납하지 않았다. 거기다가 공부까지 잘하면 자식 교육에 완벽하게 성공한 부모라고 믿어 의심치 않았다. 그렇게 우리 세대의 많은 부모는 내 아이가 다른 사람의 눈치나 살피는 그런 아이로 자라지 않길 바랐다. 그런데 결과는 어떠한가. 그렇게 키운 자식들이 지금의 대한민국을 이끌고 있다. 심심하면 터지는 고위층의 각종 비리와 범죄는 모두 남의 눈치나 보는 일은 비굴하다고 배우면서 공부만 잘했던 아이들이 만들어낸 결과물이다.

이제 한국은 선진국의 문턱에 서 있다고들 한다. 먹고살 만한 나라가 되었다는 이야기다. 가난 때문에 남의 눈치를 살펴야 하는 사람들은 예전보다 많지 않다. 그런데 지금도 여전히 내 자식을 눈치 없는 아이로 키우고 있다면, 그 부모는 여전히 헐벗고 굶주린 시대의 양육 태도를 벗어나지 못한 채 후진적 교육에 머물러 있는 것이다.

독일 엄마가 아이를
가장 심하게 꾸중할 때
18

아이들이 어릴 때는 비 오는 날을 빼고는 밖에 나가는 일이 하루의 중요한 일과였다. 마땅히 갈 곳을 정하지 않은 날은 집 인근에 있는 공원이나 놀이터에서 잠시나마 시간을 보내곤 했다.

작은 동네였지만 놀이터나 공원에는 우리 아이 말고도 항상 고만고만한 또래들이 서너 명은 놀고 있었다. 아이를 공원이나 놀이터에 데려오면 독일 엄마들은 특별히 위험한 일이 없는 한 간섭하지 않고 자유롭게 뛰어놀도록 한다. 가끔 준비해간 물이나 간식을 건네주고는 엄마들끼리 수다 떨기 바쁘다.

작은아이가 세 살 때 공원 놀이터에서 있었던 일이다. 이웃에 비슷한 또래 친구가 있어서 여름 한철 비만 오지 않으면 놀이터에서 만날 수 있었다. 한 번은 아이들은 놀이터 모래밭에서 놀고 이웃 엄마와 나는 수다 삼매경에 빠져 있었는데, 갑자기 이웃 엄마가 후다닥 모래밭으로 달려갔다.

놀라서 돌아보니 우리 아이가 친구한테 한 대 얻어맞은 것 같았다. 작은 아이는 울먹이며 나를 바라보고, 때린 아이는 자기 엄마에게 손목이 잡혀 있었다. 맞기는 했지만 그리 아프지는 않았던 듯 작은아이는 울까말까 망설이는가 싶더니 엄마와 눈이 마주치자 훌쩍거렸다.

엄마한테 손목이 잡힌 아이는 잔뜩 겁을 먹고 있었다.

"지금 무슨 짓을 한 거야?"

"아니, 아무것도 안 했는데."

"친구를 때린 거니?"

"아니, 아니."

세 살밖에 안 된 아이는 제대로 변명도 못하고 연신 "아니, 아니"만 외치다 결국 울음을 터뜨렸다.

아이가 울고 있는데도 엄마의 꾸중은 끝나지 않았다.

"이 세상에서 제일 나쁜 건 폭력이야. 어떤 경우에도 친구를 때리는 건 안 돼, 알겠니?"

"이제 다시는 안 때릴게."

"그럼 지금 친구한테 때려서 미안하다고 사과해, 얼른."

엄마는 아이가 폭력이란 말이 무슨 뜻인지 알아듣기는 하는지 아랑곳하지 않고 세 살짜리에게 하는 훈계라고 믿어지지 않을 만큼 진지하고 강경했다. 독일 엄마들은 화를 내며 아이들을 혼내기보다 대화로써 타이르는 데 익숙하다. 그러나 아무리 사소하더라도 폭력에 대해서는 예외다.

엄마의 엄한 꾸중에 잔뜩 겁을 먹은 아이는 우리 아이한테 다가가 미안하다고 말하고 더 서럽게 울기 시작했다. 그제야 엄마는 아이를 안아주며 왜 친구를 때려서는 안 되는지, 폭력이 왜 나쁜지 부드러운 말로 타일렀다. 맞기는 우리 아이가 맞았는데 옆에서 지켜보던 내가 더 미안할 정도였다.

그런데 이와 반대로 어린 자녀에 대한 독일 엄마들의 위생 관념은 이해할 수 없을 정도로 여유 있다. 모래밭에서 놀던 아이가 손에 쥐고 있던 과자를 떨어뜨렸다가 다시 주워 먹어도 크게 놀라지 않는다. 어떤 엄마는 떨어진 과자를 주워 툴툴 털어 다시 주기도 한다. 슈퍼에서 산 사과를 씻지도 않고 베어 무는 일은 예사다.

아이가 흙 묻은 과자를 주워 먹든 말든 관심을 보이지 않던 엄마가 아이에게 정신없이 달려갈 때는 자신의 아이가 누군가를 때렸을 때다. 자기 아이가 맞았을 때도 물론 달려가 아이를 안아주지만 때렸을 때가 더 중요하다. 아이는 바로 그 자리에서 엄마의 엄한 훈계를 받아야 한다.

우리 아이들은 둘 다 친구들한테 맞기도 잘하고 자기 물건 빼앗기기 일쑤였다. 남에게 얻어맞아도 대응할 줄 모르는 아이들을 보면서 '나중에 커서 어떻게 남과 경쟁하며 살아갈 수 있을까' 항상 걱정이 많았다. 그러나 아이들이 초등학교 3~4학년 정도가 되어 어느 정도 주변을 돌아볼 시기부터는 그런 걱정이 기우에 지나지 않다는 것을 깨달았다.

우리 아이들은 그런 성격 덕분에 폭력이나 분쟁에 휘말리지 않고 초등학교부터 김나지움까지 건강하게 학교에 다닐 수 있었다. 또한 의외로 우리 아이들과 비슷한 성격의 친구들이 많아 폭력이나 왕따에 대한 걱정 없이 무난히 청소년기를 보내고 있다.

편견 없이 이혼 가족을 바라보는 독일 사회

19

"엄마, 나 내일 친구 미리암 생일 파티에 가야 돼. 잠도 자기로 했어."
"오후에 엄마 집에서 만나 볼링장에 갔다가 저녁은 아빠 집에 가서 먹고 거기서 잔대."
"엄마 집은 멀리 있잖아. 아빠 집은 바로 근처라서 데려다주기 좋은데."
"저녁에는 엄마가 아빠 집으로 데려다주기로 했어. 미리암 생일 파티는 항상 아빠 집에서 하잖아. 엄마 집은 아파트라서 비좁아 놀기 불편한데, 아빠 집은 하우스라 정원도 넓고 집도 커서 파티하기가 더 좋아 그렇게 한대."
"그럼 데려다줄 때는 엄마 집으로 가고, 데려올 때는 아빠 집으로 가면 되는 거야?"
아이들이 생일 초대를 받았을 때 가끔은 이런 대화가 오가곤 했다. 어떤 때는 데리러 갈 장소가 엄마 집인지 아빠 집인지 확인하지 않아 엉뚱한 집에 가서 초인종을 누르기도 했다.

처음엔 이혼한 부모를 둔 친구들의 생일 파티가 신기하기도 했지만, 아이들을 키우면서 자주 경험하다 보니 이제는 독일 이혼 가정의 평범한 모습으로 익숙하게 받아들인다. 그런데 이런 생일 파티는 엄마와 아빠가 이혼한 후 각각 따로 살기는 하지만 다른 파트너를 만나지 않았을 때다. 둘 중 한 사람이 재혼을 해서 새로운 가족이 형성되면 한 집에서만 한다든지 파티 방법이 약간씩 달라지기도 한다.

어떤 아이들은 엄마 집 아빠 집에서 파티를 두 번씩 하기도 한다. 부모가 이혼하지 않은 다른 아이들보다 신나는 일이 한 번 더 있는 것이다. 이처럼 때론 이혼 가정의 아이들이 그렇지 않은 아이들보다 경제적으로 풍요로운 경우도 있다. 엄마 아빠 양쪽에서 용돈을 받기도 하고, 용돈을 챙겨줄 할아버지 할머니가 더 많아지기도 하기 때문이다.

큰아이가 초등학교 1학년 때 일이다. 어느 날 식사 도중 아이가 진지한 얼굴로 물었다.

"엄마 아빠는 왜 이혼 안 해?"

"그런 건 왜 물어? 친구 부모님 중에 이혼한 사람이 있어?"

"응. 내 친구 중에 두 명이나 있어."

"그 친구들은 많이 슬프겠네. 엄마 아빠가 함께 살지 못하니까."

"슬퍼하는지는 잘 모르겠는데, 선물을 많이 받으니까 부러워. 엄마 아빠도 이혼했으면 좋겠어."

"뭐라고?"

"걔네들은 용돈도 나보다 훨씬 많이 받아. 내 짝은 엄마 아빠가 이혼을 하고 나서 두 사람 모두 재혼을 했는데, 할머니 할아버지가 여덟 명이나 된대. 할머니 할아버지도 용돈을 주고, 생일에도 할머니 할아버지 이모 삼촌 친척이 많아서 선물을 얼마나 많이 받는지 몰라. 난 엄마한테밖에 용돈 못 받잖아."

이혼이 무슨 뜻인지도 모르고 친구를 마냥 부러워하는 큰아이 말을 듣고 있던 우리 부부는 한참을 웃었다.

연방 차원의 정확한 통계가 나와 있지는 않지만 독일에는 7~13퍼센트의 이혼 가정이 존재한다. 이혼 가정의 형태는 다양하다. 부부 중 한 사람이 아이를 데려와 가족을 구성하기도 하고, 엄마와 아빠가 각각 아이를 데려와 새 가족을 형성하기도 한다. 또는 엄마 아빠가 각각 아이를 데려오고 결혼 후 낳은 아이까지 한 가족을 이루어 사는 경우도 종종 있다. 이러한 가족 형태를 패치워크파밀리에(Patchworkfamilie)라고 한다. 과거에는 주로 스티프파밀리에(Stieffamilie)라고 불렸지만 최근엔 좀 더 재미있고 긍정적인 의미의 패치워크파밀리에라는 말을 많이 쓴다.

동화《백설공주》는 공주의 아름다움을 시샘하는 계모 왕비에 의해 독이 든 사과를 베어 물고 깊은 잠에 빠지지만 후에 멋진 왕자님이 나타나 구해준다는 이야기다. 독일의 유명한 동화 작가 그림 형제가 쓴 이 동화는 아주 오랜 옛날에도 이혼 가정 문제가 존재했음을 보여주는 예다.

스티프무터(Stiefmutter)와 스티프파터(Stiefvater)는 '계모'와 '계부'를 이르는 독일어로, 스티프무터나 스티프파터가 있는 가정이 스티프파밀리에다. 동화 속에 등장하는 스티프무터는 대부분 아이들을 학대하고 괴롭히는 나

뿐 이미지의 계모였다. 옛날부터 전해오는 스티프파밀리에는 이렇게 부정적 의미가 강하게 내포되어 있었다. 또한 과거의 스티프파밀리에는 이혼보다 부부 중 한 사람을 사별했을 때 주로 형성되었다.

그러나 현대에 들어 한쪽 부모의 사별보다는 이혼으로 인한 편부모와 스티프파밀리에가 많아지고, 이혼 가정에 대한 인식도 변화하기 시작해 이를 이르는 용어도 바뀐 것이다.

패치워크는 각기 크기가 다른 다양한 색상과 소재의 작은 천 조각을 서로 꿰매 붙여 한 장의 아름다운 예술 작품을 만들어내는 수예 기법을 말한다. 이 단어의 의미가 말해주듯 최근에는 부정적 의미를 내포하고 있는 스티프파밀리에보다 패치워크파밀리에라는 말을 즐겨 쓴다. 패치워크파밀리에는 서로 다른 나이와 뿌리와 개성이 모여 아름다운 하모니를 이루어내는 가족이라는 의미가 있어 재미있으면서도 이혼 가정에 대한 긍정적 느낌을 더 많이 준다. 용어의 변화가 말해주듯 패치워크파밀리에를 바라보는 독일인의 시선도 옛날《헨젤과 그레텔》이나《백설공주》시대와는 많이 달라졌다. 사람들은 새엄마나 새아빠를 이르는 스티프무터나 스티프파터에 대해 과거와 같은 지독한 편견에서 많이 벗어난 모습이다. 자식을 키울 때도 편애하지 않기 위해 부단히 노력한다.

개인적 노력은 물론 학교 교육을 통해서도 익숙하게 자리 잡아온 관용과 자기희생, 봉사 정신이 가정 생활에서도 자연스럽게 적용되어 나타나기 때문인 것 같다. 또한 국가적으로도 이혼 가정을 위한 다양한 상담 기관을 운영하고 있어 자녀 양육이라든지 가족 내 문제가 발생했을 때 언제라도 달려가 도움을 청할 수 있다.

가장 유능한 사람은
가장 배움에 힘쓰는 사람이다.

- 괴테(Goethe)

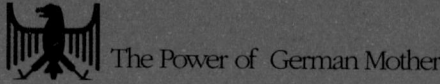 The Power of German Mother

3부
독립적인 아이로 키우는 독일 엄마의 지혜로운 교육법

......

독일 엄마들이 가장 중요하게 생각하는 자녀교육은 현재 아이가 행복할 수 있는 교육이다. 유치원에 다니는 아이에게 책을 읽어주는 엄마는 많아도 글을 가르치는 엄마는 드물다. 그림을 그리며 놀아주는 엄마는 많아도 그림 그리는 법을 가르치기 위해 노력하는 부모는 드물다. 시종일관 아이의 나이에 맞는 행복을 찾아주는 일을 가장 중요하게 생각하는 것 같다.

학교 가는 법을
가르치는 엄마들
20

　아이들이 초등학교에 다니는 동안엔 매서운 추위가 한풀 꺾이고 해가 길어지면 마음이 한결 놓이곤 했다. 한겨울 동안 10킬로그램이 넘는 자기 몸만큼이나 큰 가방을 그 조그만 등에 둘러멘 채 우산에, 체육복 가방에 손전등까지 들고 등교하는 아이를 어두운 골목길에서 배웅하며 항상 불안했기 때문이다. 그러다가 등교 시간에 날이 훤하게 밝아지면 겨울이 지나가는 것 같아 걱정 하나를 내려놓게 되는 것이다.

　어디나 그렇지만 독일의 겨울은 한층 길고 지루하다. 하루 중 밝은 시간이 얼마 없고 활동량도 다른 계절에 비해 절반으로 줄어들어 마치 겨울잠을 자는 기분이다. 한겨울엔 아침 8시가 되어도 어둠이 그대로 머물러 있고, 오후 4시에도 어둑어둑한 주택가 골목엔 지나가는 사람조차 드물다. 추위 때문에 안 그래도 움츠러든 어깨를 더욱 코트 속으로 들이밀다 보니 오가는 사람과 눈 한번 마주치기도 쉽지 않은 계절이다.

그래서인지 겨울엔 등교 시간마다 현관문을 나서는 아이가 더욱더 짠했다. 학교가 집 인근에 있다고는 하지만 아이들 걸음으로 20분은 족히 걸리니 그리 가까운 것만도 아니었다.

그러다 보니 약간만 기온이 내려가거나 이슬비만 내려도 이때다 싶어 차로 데려다줄 핑곗거리를 찾으려 했던 것 같다. 그런 나와 달리 독일 엄마들은 대부분 비가 오나 눈이 오나 아이를 혼자 보낸다.

물론 독일 엄마들이 처음부터 아이들을 이렇게 혼자 학교에 보내는 건 아니다. 초등학교 1학년에 입학하면 가까이 사는 엄마끼리 그룹을 만들어 몇 달 동안 돌아가며 등하교길 지도를 한다.

큰아이의 초등학교 입학식이 끝난 다음 날, 이웃에 사는 우리 아이 친구 엄마에게 전화가 왔다. 아이들 등하교 지도에 참여하겠느냐며, 원한다면 만나서 계획을 세우자고 했다.

'등하교 지도 계획?' 나도 당연히 아이 등하굣길이 익숙해질 때까지 옆에서 도와줄 생각은 하고 있었지만, 함께 만나 계획을 세우자는 제의는 약간 뜻밖이었다. 약속 장소에 나가 보니 모두 우리 아이와 유치원을 함께 다닌 아이들의 엄마였다. 엄마들은 모두 4명이고 아이들은 5명이었다. 한 엄마가 둘째를 출산하는 바람에 빼주기로 했다고 했다.

그 후 우리는 한 사람이 일주일씩 2달 동안 돌아가며 등하교 시간에 아이들과 동행했다. 동행만 한 게 아니라 모르는 사람이 말을 걸어오면 어떻게 처신해야 하는지, 시선은 어디에 두고 걸어야 하는지 등 주의할 점을 아이들에게 주지시키고 교통 신호에 대한 교육도 함께 했다.

우리 아이들은 학교에서 나누어준 노란색 모자를 쓰고 4명의 엄마들과 꼬박 두 달 동안 등하교 훈련을 한 후 엄마 없이 다니게 되었다. 충분한 훈련 기간을 가졌음에도 믿기지 않아 한동안은 아이들을 보낸 후 몰래 뒤를 따라가기도 했다.

독일에서 학기가 시작되는 9월경 초등학교 인근에 가면 노란색 모자를 쓴 아이들이 삼삼오오 엄마와 함께 학교 가는 모습을 쉽게 볼 수 있다. 주로 몇 명의 아이들과 한 엄마가 그룹을 이룬다. 특히 처음에는 등하교를 함께할 수 있는 친구를 만들어주는 일에 신경을 많이 쓴다. 혼자보다는 둘이, 둘보다는 셋이 함께하면 신속히 사고에 대처할 수 있고, 아동 유괴나 납치 등의 범죄에 어느 정도 대비할 수 있기 때문이다.

눈에 잘 띄는 노란색 모자를 쓰는 것은 사고를 예방하는 효과도 있지만, 주변 사람들에게 아직 등하교 길에 익숙하지 않은 초등학교 1학년 아이들을 위해 주의를 기울여달라는 표시이기도 하다.

독일은 3년의 법적 육아 휴직 제도인 엘터른차이트(Elternzeit)를 운영하고 있는데, 아이가 8세가 될 때까지 필요한 시기에 나누어 쓸 수 있다. 많은 직장맘들이 출산 후와 초등학교 1학년 입학 시기에 휴가를 나누어 쓰기도 한다. 등하굣길과 숙제 지도 등 아이가 스스로 모든 일을 해결할 수 있을 때까지 엄마의 도움이 필요하기 때문이다.

어릴 때부터 용돈 쓰는 법을 배우는 아이들

21

"엄마, 그럼 휴가 가서 내가 사고 싶은 건 못 사는 거야?"
"네 용돈이니까 네가 알아서 결정해야지."
"난 이 모자 달린 머리핀을 사고 싶단 말이야."
"그럼 용돈으로 사렴, 그러면 되잖아."
"그러면 내가 돈이 더 이상 없잖아. 엄마가 사주면 안 돼?"
"엄마는 이 하트 모양의 가벼운 머리핀은 사줄 수 있어. 네 머리에는 이 핀이 어울리거든, 모자 달린 핀은 너무 무거운 것 같고, 네게 맞지 않아. 하지만 모자 달린 핀이 꼭 사고 싶으면 네 용돈으로 사렴. 엄마는 용돈 쓰는 데 상관하지 않을 테니 네가 알아서 결정해."
"그러면 난 돈이 없어지잖아."
"그것도 네가 잘 생각해봐야지, 하지만 엄마는 네가 꼭 사고 싶으면 그래도 된다고 생각해."

"휴가 가면 재미있는 기념품 가게가 참 많겠지? 그런데 내가 모자 달린 핀을 사면 돈이 없으니까 살 수 없는 거잖아."

"그러니까 잘 생각해서 결정해."

"휴가 가면 재미있는 기념품이 많을 텐데……."

휴가가 한창인 어느 여름, 액세서리 가게에서 만난 딸과 엄마 사이의 대화였다.

머리핀 두 개를 앞에 두고 초등학교 1학년 정도 되어 보이는 꼬마 숙녀와 엄마가 진지하게 이야기를 주고받은지 한참이 지났다. 그러나 두 사람 모두 했던 이야기를 반복하며 아이는 깊은 고민에 빠진 듯했고, 엄마는 아이의 선택을 기다렸다.

아이는 엄마가 사주려 하는 가벼운 머리핀보다 모자 모양의 다소 무겁고 화려해 보이는 핀이 더 마음에 들었던 모양이다. 내가 보기에도 엄마가 선택한 핀이 아이에게 어울렸고, 모자 핀은 지나치게 무거운 데다 화려해서 실용적이지 않았다. 그러나 아이 눈에는 모자 핀이 마음에 들었던지 시종일관 그걸 손에서 내려놓지 못했다.

아마 곧 가족이 여름휴가를 떠날 예정인데 용돈을 모두 써버리면 휴가지에서 마음에 드는 기념품이 있어도 살 수 없는 상황이 될까봐 걱정하는 것 같았다. 그러면서도 아이는 엄마에게 모자 핀을 사달라고 칭얼거리지 않았고, 스스로 선택하기 위해 깊은 고민에 빠져 있는 듯했다.

아이는 엄마 얼굴과 손에 든 모자 달린 핀을 번갈아 쳐다보며 표정이 점점 어두워지더니 끝내 울음을 터트렸다. 그리고 애처롭게 훌쩍거리면서 결국엔 엄마가 사주는 하트 핀을 구입했다.

한참을 실랑이하면서도 엄마는 아이의 의견을 끝까지 경청했다. 그리고 단 한순간도 귀찮아하지 않고 아이의 결정을 끝까지 기다려주었다. 그러나 엄마가 생각하기에 실용적이고 아이에게 어울리는 핀을 사면 돈을 내주고 아이가 원하는 핀을 살 때는 스스로 계산해야 한다는 기준은 변하지 않았다. 아이가 한참 동안 고민하며 울기까지 하는 모습을 보면서 갈등이 생길 만도 한데 그 엄마는 전혀 흔들리지 않았다.

또한 좀처럼 결정을 내리지 못하는 아이를 기다리느라 짜증이 날 만도 한데, 엄마의 목소리는 시종일관 나지막하고 다정다감했다. 단 한 번도 아이에게 강요하거나 윽박지르는 모습을 보이지 않았다. 오히려 아이의 결정을 존중하면서 '네가 원하는 핀을 사도 된다'며 너그러운 표정을 지었다. 결국 마지막 결정은 아이 스스로 했기 때문에 엄마를 원망하지도 못하는 상황이 되었다.

모든 부모가 이 엄마와 같은 방식으로 가르치는 건 아니겠지만 대부분의 독일 엄마는 아이에게 용돈을 주고 나면 철저히 스스로의 지출에 책임을 지게 한다. 아이들은 보통 초등학교 1학년 때부터 용돈을 받기 시작한다. 정해진 규칙이 있는 건 아니지만 1학년은 1주일에 1유로, 2학년은 2유로, 12학년은 12유로 등 학년과 같은 금액을 용돈으로 받는다. 물론 할머니 할아버지 또는 가까운 친척이 용돈을 별도로 챙겨주는 아이들도 있지만 우리 아이 친구들이나 주변을 보면 아이들에게 용돈을 주는 규칙이 어느 정도 비슷한 것 같다.

그날 집에 돌아온 나는 이젠 모두 훌쩍 커버려 더 이상 엄마 말에 귀 기울이지 않는 두 아들에게 그 꼬마 숙녀와 엄마의 대화를 전해주었다. 그리고 독일 엄마의 경제 교육에 감탄했다며 "내가 그동안 너희를 잘못 가르친 것 같다"고 했더니 큰아이와 작은아이 모두 맞는 말이라며 엄마를 놀렸다.

"너희도 그 엄마가 아이 교육을 잘 시킨다고 생각하지?"

"응, 그런 방법의 경제 교육이 정말 현명한 것 같아."

"엄마는 너희를 잘못 가르쳤다는 생각이 들어. 너희 같으면 그런 순간 어떤 선택을 할지 뻔히 보여서 엄마는 반성을 많이 했다."

"나도 엄마가 원하는 걸로 샀을 것 같은데?"

"뭐라고? 네 돈을 아끼기 위해 엄마가 사라는 걸로 사겠다는 거야? 직접 안 봤다고 막 말하는 거야?"

"아니, 핀은 아무거나 사도 상관없잖아. 나는 남잔데. 히히……."

나는 결국 또 아들에게 당하고 말았다.

우리가 만일 그날 독일 엄마와 딸 같은 상황에 놓였다면 아이들은 분명 크게 고민하지도 않고 모자 핀을 선택할 것이다. 돈이 없으면 휴가 가서 쇼핑을 할 수 없다고 으름장을 놓아도 녀석들의 대답은 분명 "그럼 안 사지 뭐"였을 것이다. 휴가 가서 만일 마음에 드는 기념품이 있을 땐 엄마에게 간절히 부탁하면 된다는 것을 잘 알고 있기 때문이다.

나 또한 내 선택에 대한 확신을 갖고 아이를 끝까지 설득하려 하고, 아이가 계속 망설이면 빨리 결정하라며 짜증을 내거나 독촉을 했을지 모른다.

다른 교육도 물론이지만 경제적인 부분에서 독립시키는 교육이 여전히 내게는 마음대로 되지 않는다. 그런데 그런 교육이 이미 우리 아이들 머릿속에도 강하게 자리 잡고 있는 것 같다. 큰아이의 말이 그동안 아이들에게 했던 나의 가정 교육을 그대로 대변해준다.

"근데 엄마, 만약 내가 정말 예쁜 딸을 낳았는데, 그 딸이 내 앞에서 울면 난 매정하게 내 뜻대로 못할 것 같아. 가슴이 아파서 어떻게 예쁜 딸이 우는 모습을 보고 있어. 당장 사줘야지."

독일 엄마들이 아이와 함께 쇼핑하는 모습을 볼 때마다 우리 아이들이 경제 관념을 올바르게 습득하고 있는지에 대한 의구심이 들곤 했다. 혹시 내 교육 방식이 잘못된 것은 아닌지 말이다.

미래의 행복을 위해 오늘
중요한 일을 포기시키지 않는 독일 엄마
22

예전에 우리 앞집에 살던 아이는 하루 종일 뛰어놀기만 했었다. 초등학교 3학년인데 아무것도 하지 않고 종일 길에 나와 있는 아이를 보며 약간 의아하기도 했다.

독일에도 성적을 올리기 위해 과외나 학원을 다니지는 않지만 스포츠나 음악 등 취미 생활을 위해 분주한 아이들은 많다. 스포츠 동호회만 하더라도 보통 일주일에 두 번은 나가야 하고, 시합 때문에 부모나 아이 모두 주말을 반납해야 하는 경우가 종종 있다. 거기다가 만일 악기를 배우기 위해 음악 학원인 뮤직슐레(Musikschule)까지 다니면 더 바빠진다.

그런데 옆집 아이는 정말 아무것도 배우지 않았는데, 경제적인 이유 때문은 아닌 것 같았다. 독일에서도 월세든 자기 집이든 정원 있는 하우스에 살 정도면 웬만큼 여유 있는 가정이기 때문이다. 아이는 학교가 끝나고 돌아오면 저녁 식사 전까지 거의 매일 골목을 뛰어다녔다. 하루는 하도 궁금해서 아이 엄마에게 물어보았다.

"아이가 종일 나와서 노네요. 오후 시간에 아무것도 안 배우나 봐요."

"그러게 말이에요. 이것저것 해보았는데 아이가 좋아하지 않아서 그만두었어요."

"우리 아이들도 가끔 싫다고 하는데, 그래도 무언가 하나 배우려면 싫어도 좀 참아야 할 것 같아서 설득하곤 해요."

"부모마다 다르겠지만, 나는 싫다는 아이한테 억지로 시키고 싶지는 않아요. 우리 아이는 저렇게 뛰어놀 때가 가장 행복한 것 같아서 지켜보기로 했어요. 뮤직슐레도 스포츠 동호회 활동도 자기가 하고 싶다고 할 때까지 강요하지 않으려고요."

이야기를 듣다 보니 비록 음악 학원이나 스포츠 동호회 활동이지만 싫다는 아이를 억지로 데리고 다니는 것은 아닌지 새삼 나를 돌아보게 되었다. 그 일이 있은 후 얼마 지나지 않아 우리 작은아이도 탁구 동호회 활동을 그만두고 시간이 날 때마다 옆집 아이와 함께 어울려 골목을 뛰어다니곤 했다.

당시 내가 옆집 엄마의 영향을 받아서 생각이 바뀌었다고 말할 수는 없다. 하지만 아이가 탁구를 그만두고 싶다고 말했을 때 설득하기보다는 그 생각을 존중하고 싶었다. 평소 같았으면 다시 생각해볼 수 있도록 설득과 은근한 강요를 반복했을 텐데, 아무것도 하지 않고 골목을 누비며 행복해하는 옆집 아이와 고민 없는 그 애 엄마를 보며 내 생각도 조금은 변했던 것 같다.

젊은 가족이 모여 사는 독일 주택가 골목에는 이처럼 방과 후에 밖에 나와 놀기만 하는 아이들이 의외로 많다. 처음엔 이런 모습을 보며 자녀를 너무 방치하는 것은 아닌가 하는 의문을 갖기도 했다. 그러나 시간이 지나면서 이 또한 아이를 행복하게 키우기 위한 엄마의 긍정적 양육 태도란 것을 알았다.

한국에서의 삶을 돌이켜보면 나의 행복이란 언제나 저 언덕 위에, 혹은 저 산 너머에 있었던 것 같다. 오늘을 행복하게 살기 위해 노력하는 것이 아니라, 내일의 성공과 행복을 위해 지금 누려야 할 많은 것을 포기하고 인내하며 사는 데 익숙했다.

우리는 마냥 뛰어놀아야 할 유치원 나이에조차 원만하고 행복한 초등학교 생활을 위해 한글과 영어를 배우는 등 그 작은 머리에 글자를 집어넣느라 분주하다.

초등학교에 가면 행복한 중학생이 되기 위해 선행 학습을 하고, 중학교에서는 우수한 고등학생이 되기 위해 고입 준비에 매진해야만 한다. 고등학생이 되면 좋은 대학에 입학하기 위해, 대학에 진학하면 번듯한 직장에 들어가기 위해 취업 준비에 여념이 없다.

그러나 좋은 직장에 취업해도 여전히 행복한 삶은 보이지 않는다. 승진이라는 더 큰 경쟁이 기다리고 있기 때문이다. 이렇게 인내라는 긴 인생 여정을 통해 오늘의 행복이 중요하다는 것을 새삼 깨달았다는 사람도 종종 있지만, 행복을 누리기에는 너무 늦어버렸거나 잔병 치료를 전전하다가 또 한세월을 보내기 십상이다. 우리에게 행복은 도대체 언제 찾아오는 것일까.

독일인들에게 행복에 관한 한 미래는 없는 것처럼 보인다. 이들은 지금 행복하지 않은 사람은 미래에도 행복할 수 없다고 생각한다. 이러한 사고는 엄마들의 자녀교육에서도 잘 나타난다.

독일 엄마들은 미래의 행복을 위해 오늘 아이에게 가장 중요한 일을 포기시키지 않는다. 독일 엄마들도 당연히 아이의 풍요로운 미래를 위해 스스로 즐길 수 있는 악기를 가르치거나 스포츠 동호회 활동을 권한다. 그러나 막상 아이가 배우는 과정에서 즐기기보다 심한 스트레스를 받는다면 과감하게 그만둔다. 몇 번 설득이야 해보겠지만 지나치게 강요하지 않는 것 같다.

독일 엄마들이 가장 중요하게 생각하는 자녀교육은 현재 아이가 행복할 수 있는 교육이다. 유치원에 다니는 아이에게 책을 읽어주는 엄마는 많아도 글을 가르치는 엄마는 드물다. 그림을 그리며 놀아주는 엄마는 많아도 그림 그리는 법을 가르치기 위해 노력하는 부모는 드물다. 시종일관 아이의 나이에 맞는 행복을 찾아주는 일을 가장 중요하게 생각하는 것 같다.

1년 365일 어린이를
상전으로 모시는 나라
23

작은아이가 아직 유치원을 다닐 때였다. 유치원 앞을 지나던 승용차가 길을 건너는 아이와 엄마를 미처 보지 못해 급정거를 했다. 일흔 살 정도 되어 보이는 할아버지가 허둥지둥 차에서 내려 미안하다며 사과하는데도 아이 엄마는 많이 놀랐는지 목청 높여 화를 냈다.

"어린 아이가 길을 건너는 게 안 보여요? 아이예요, 아이! 아이가 지나가고 있었단 말이에요. 그리고 여긴 유치원 앞인데, 어떻게 그렇게 조심성 없이 달릴 수가 있죠? 정말 이해할 수 없네요."

물론 좀 놀라기는 했겠지만 고의로 그런 것도 아니고 속력을 냈던 것도 아닌데, 20대 초반 정도 되어 보이는 젊은 엄마는 소리를 고래고래 지르고 두 팔을 올렸다 내렸다 하며 호되게 노인네를 나무라는 것이었다. 마치 '어디 감히 아이가 지나가는데……'라는 뉘앙스로 몰아붙이는데 옆에 있던 내가 민망해 얼굴이 붉어질 정도였다.

만일 우리나라 같았으면 잘잘못을 떠나서 "어디 감히 젊은 것이 어른한테 목청을 높이고 있어! 넌 어미 애비도 없냐?"부터 나왔을 텐데, 자신이 분명 잘못했다고 생각하는지 그 할아버지는 얼굴이 벌개져서 꿀 먹은 벙어리처럼 당하고만 있었다.

그 비슷한 경험을 나도 한 적이 있다. 크리스마스 즈음, 그날따라 시내는 인파로 발 디딜 틈 없이 복작거렸다. 어찌어찌 하다 보니 뒤에 있는 아이를 살피지 못하고 뒷걸음질 치다가 밀쳐서 넘어뜨리고 말았다. 뒤에 눈이 달린 것도 아니니 분명 고의로 그런 게 아님에도 변명조차 못하고 꼬박 그 자리에서 몹쓸 사람이 되고 말았다.

아이를 데리고 있는 사람이 "아이예요, 아이!"라고 따지면 실수로 했건 고의로 했건 무조건 입을 다물어야 한다. 잘못하다가는 더 몰상식한 사람으로 몰리기 십상이기 때문이다.

독일에도 어린이날이 있다는 것을 우리 아이들은 모르고 자랐다. "혹 주변에서 어린이날에 대해 들어본 일 있냐?"고 여러 번 물었지만 두 녀석 모두 금시초문이라고 대답했다. 한국은 5월 5일이 어린이날이어서 이날엔 선물도 받고 행사도 많고 하루 동안 어린이를 즐겁게 해주기 위해 어른들이 최선을 다해 노력한다고 이야기해주니 모두들 한국에 가고 싶다며 부러워했다.

정확하게 말하면 독일도 어린이날이 없는 것은 아니다. 동서 냉전 시대에 동독은 6월 1일, 서독은 9월 20일이 약간 다른 이름의 어린이날이었으나 통일 후부터는 9월 20일을 공식적인 어린이날로 정하고 베를린과 쾰른에서 매년 기념 행사를 하고 있다.

또 지역에 따라서는 여전히 구동독의 6월 1일을 기념하는 소규모 축제가 열리기도 한다. 분단 시대에는 서독보다는 구동독에서 이날에 더 의미를 부여했다고 한다.

서독이 그때도 어린이날에 큰 의미를 두지 않았던 것을 보면 어린이의 권리를 찾아주기 위한 상징적 행사가 필요 없을 정도로 어린이들이 지금처럼 자유로운 분위기에서 보호받고 자랐음에 틀림없다.

사실 생각해보면 독일은 1년 365일이 모두 어린이날이라고 할 수 있을 만큼 어린이는 다양한 선택으로부터 우선권을 갖고, 모든 복지의 최우선 혜택을 누리고 있다. 이 나라에서는 어디를 가나 어린이가 상전이다.

한국에 비하면 그것도 공부라고 숙제가 조금만 많아도 "숙제 때문에 놀 시간이 너무 없다"는 둥, "아이들에게 지금 배우는 내용이 너무 어려워 스트레스를 주는 것은 아니냐"는 둥, 학부모 회의 시간마다 꾸어다 놓은 보릿자루처럼 앉아 있는 나였지만 듣는 것만으로도 심심하지 않을 정도로 열을 올리는 엄마들의 모습이 인상적이었다.

이처럼 독일 부모들의 고민은 지금보다 아이들에게 더 많은 자유를 주는 것이다. 더 많이 놀게 하고 더 많이 사랑하고 더 많이 보호해주는 것. 그것이 매일의 생각이다 보니 어린이날의 필요성을 느끼지 않는 것 같다.

한국엔 지금 '5월 5일은 어린이날'이라 정해놓았음에도 황금 같은 주말과 어린이날을 사이에 중간 고사를 보게 해 아이들을 잡아두는 학교도 있다고 한다. 그야말로 '잔인한 중간 고사 날짜'다.

그러면서 하루 동안 좋은 선물 사주고 맛있는 것 푸짐하게 먹이면 어른들의 할 일을 다 했다고 생각한다. 분명 앞뒤가 맞지 않는 연극이다. 그래도 그나마 어린이날이라도 있어야 하루라도 아이들을 풀어주기 위해 노력할 테니, 우리나라에서 어린이날은 반드시 필요하다는 생각이 들기는 한다. 한국도 하루빨리 어린이날이 필요 없는 나라가 되었으면 좋으련만.

수영과 자전거는
자녀교육의 필수 코스
24

내 아이를 남부럽지 않게 잘 키워보겠다는 초보 엄마들의 각오는 독일 사람이라고 다르지 않다. 품 안에 자식이라고 했던가, 아이가 어릴수록 품에 안고 볼을 부비고 입을 맞추며 조건 없는 사랑을 쏟아 붓는 젊은 엄마들의 모습을 독일에서도 자주 본다.

과연 내 아이에게 어떤 교육을 어떻게 효율적으로 시켜야만 아이가 풍요로운 삶을 영위할 수 있을까. 초보 엄마일수록 호기심이 많다 보니 이것저것 불명확한 정보도 많이 접하고 혹여 아이를 잘못 키우고 있는 것은 아닌지 고민도 많아진다.

요람에 누워 있을 때는 때마다 수유하고 기저귀 갈아주는 등 사랑스러운 스킨십만으로도 충분하지만 학습 능력을 위해서건, 정서적인 부분에서건 아이가 조금씩 커가면서 교육을 생각하지 않을 수 없다. 이제 겨우 말귀를 알아듣는 아이를 상대로 동화책을 읽어주고 놀이를 함께하며 간접적인 교육으로 만족하는 엄마들도 물론 있지만, 좀 더 효율적인 교육을 위해 여기저기 사교육을 기웃거리기도 한다.

우리 아이들을 키우며 내가 만난 독일 엄마들도 마찬가지였다. 한 가지 우리와 다른 점이 있다면 독일 엄마들에게 사교육은 지능 계발이나 학습 능력 향상을 위한 의미가 아닌 평생을 살아가는 동안 반드시 필요한 것들을 체계적으로 교육시키기 위해 필요한 보조 수단이라는 것이다.

독일 아이들이 가장 먼저 접하는 사교육은 수영이라고 해도 틀리지 않을 것 같다. 독일에서 수영과 자전거는 특별히 사교육에 의존할 필요 없을 만큼 학교 교육으로도 충분히 마스터할 수 있다. 그럼에도 불구하고 독일 엄마들이 수영과 자전거 가르치기에 적극적인 것을 보면 이 두 가지가 독일 사회에 얼마나 중요하고 보편화된 스포츠인지 알 수 있다.

자전거는 놀이나 스포츠보다 유치원생부터 청소년, 성인에 이르기까지 많은 사람이 실질적 이동 수단으로 애용하고 있다. 독일 엄마들은 아이가 유치원에 입학하면 자전거 타기를 본격적으로 가르치기 시작한다. 유치원생 중에는 가끔 세발자전거를 타는 아이도 있지만 대부분 두발자전거에 익숙하다.

많은 유치원생이 아침이면 엄마와 함께 종종 자전거로 등원한다. 엄마들은 보통 아이 뒤를 따라가며 열심히 가르친다. 좀처럼 목소리를 높이지 않는 독일 엄마들도 아이와 자전거를 타고 갈 때만큼은 목청을 높여 고함을 지르는 모습을 자주 본다. 자동차가 정신없이 지나가는 길에서 아이를 데리고 자전거를 타는 일은 사실 손에 진땀이 날 정도로 위험하고 어려운 일이기 때문이다.

자전거에 노란 깃발을 꽂은 아이들은 비틀비틀 넘어질 것 같으면서도 곡예하듯 앞으로 전진한다. 노란 깃발은 '아이가 자전거를 타고 있으니 조심해달라'는 표시다. 그 때문에 독일에서는 유치원이나 초등학교 인근에서 운전을 하든 자전거를 타는 어른들은 각별히 주의를 기울여야 한다.

지난 2013년 충남 태안에서 해병대 체험 캠프에 참여했던 고등학생 5명이 숨지는 사고가 발생했다. 당시 이 사고는 독일 언론에도 보도되었다. 독일 언론은 하나같이 아이들을 해병대 캠프에 넣어 극기 훈련을 시키는 한국 사회의 분위기에 황당하다는 반응을 보였다. 또한 수영도 못하는 학생을 수중 훈련인 해병대 캠프에 참여시켰다는 사실 자체를 이해하지 못했다. 그러나 한국 언론은 이와 달리 수영을 못하는 학생도 해병대 캠프에 참가할 수 있었다는 놀라운 사실보다 체계적인 수영 교육의 필요성에 대해 집중했던 것 같다.

이들에게 수영은 생명과 직결된 필수 교육이다. 그 때문에 부모든 학교든 수영 교육을 위해 아낌없이 투자한다. 부모의 여력이 미치지 못하는 아이들도 학교 교육만으로 자기 생명뿐 아니라 타인의 목숨까지 구할 정도의 수준에 도달할 수도 있다.

어린이 소음은 어른에게
요구되는 톨레랑스
25

예전에 한 중국인 부부가 우리 집 인근의 아파트에 살고 있었다. 아들 둘을 키우던 이 부부와는 학생 때부터 알고 지냈고 아이들 나이도 비슷해서 함께 놀릴 겸 자주 만나던 사이였다. 그런데 아이들 엄마는 이웃 때문에 너무 힘들다며 만나기만 하면 흉을 보면서 고민을 털어놓곤 했다.

"속상해 죽겠어요. 아래층에서 거의 매일 올라와 조용히 하라고 난리니, 아이들을 묶어놓을 수도 없고 어떻게 해야 할지 난감해요. 어제는 화가 나서 고소할 테면 해보라고 소리까지 지르면서 싸웠어요."

이 가족뿐만 아니라 내가 알고 지내는 한국 사람들에게서도 이런 불만을 종종 들을 수 있었다. 그런데 우리는 독일에서 아이들을 키우는 동안 단 한 차례도 이웃으로부터 소음에 대한 항의를 받아본 적이 없다. 운 좋게 어린이에게 너그러운 이웃을 만나서였을 수도 있고, 아이들을 미리 조심시

켰기 때문일 수도 있다.

독일인은 사생활 침해나 소음 공해에 대해 야박하리만치 엄격하다. 그런데도 두 남자 아이들을 키우는 동안 한 번도 이웃으로부터 싫은 소리를 듣지 않은 이유서는 개인적으로 어린이 소음을 이해해주는 포용적인 이웃을 만나서라는 데 더 무게를 둔다. 한국이나 독일이나 이웃 간 소음 분쟁으로 법정 시비로까지 이어지는 상황이 심심치 않게 발생한다. 특히 어린 아이를 키우는 집은 눈만 뜨면 뛰어다니는 아이들 때문에 조용한 이웃이 되는 게 쉽지 않다.

그런데 독일에서는 이웃집 아이들이 떠들어서 문제가 심각해도 소송을 하기가 쉽지 않다. 지난 2012년 독일 연방환경부는 어린이 소음이 법정으로까지 비화되는 것을 차단하기 위해 공해방지법을 개정했다. 정부 여당과 환경부는 "어린이 소음이 더 이상 법정까지 가는 시비가 되어서는 안 된다"며 법적 보호 장치를 만들어야 한다는 데 합의했다.

이처럼 독일 사람들에게 어린이란 무조건 떠받들어야 하는 존재다. 또 아이들 스스로 놀랄 정도로 자신의 권리를 잘 알고 있다. 그만큼 어렸을 때부터 인권에 대해 학교든 가정에서든 철저하게 교육시키기 때문이다.

아이들이 이렇게 자신의 권리에 대해 정확히 알고 있다는 것은 어른들에게는 불편한 일이기도 하다. 합당하지 않은 강요를 하면 법적 권리를 당당히 내세우면서 사사건건 따지려들기 때문이다. 공부하라는 잔소리에 "어린이는 법적으로 하루에 2시간 이상 일을 하지 못하도록 되어 있다. 그 때문에 공부도 2시간 이상은 할 수 없다"며 따지고 드는 아이들도 있다고 한다.

특히 어린이에게 소리 지를 수 있는 자유, 옆 사람이나 이웃 눈치 보지 않고 마음껏 뛰놀 수 있는 권리가 있다는 걸 아이들 스스로 가장 잘 알고 있다. 또 어른들도 그 자유와 권리를 지켜주기 위해 노력한다.

그러나 여기도 사람 사는 세상이니 한결같이 너그러운 어른만 있는 것은 아니다. 과거에는 간혹 어린이 소음 때문에 법정까지 가는 일도 있었다. 하지만 그때마다 소송을 제기한 사람은 대부분 패소하고, 아동에 대한 관용이 부족하다는 주변의 눈총만 받았다.

그 반대의 예도 적지 않다. 예전에 베를린의 어떤 장난감 전문 마켓은 어린이 소음 때문에 주민들의 신고로 문을 닫았고, 주거 지역에 있던 함부르크의 한 유치원은 소음 때문에 못 살겠다며 소송한 이웃 주민에게 패소한 후 상업 지역으로 이전한 경우도 있었다.

이런 판결은 독일 공해방지법에 "모든 소음 시설은 주거지와 60미터 간격을 두고 설치해야 한다"는 항목에 근거를 두고 있었다. 그런데 최근엔 이런 소음 시설에 어린이와 관계된 유치원, 학교, 놀이터 등의 시설은 포함시키지 않는다고 한다. 이러한 공해방지법 개정을 추진할 당시 정부 여당과 환경부는 "어린이 소음은 모든 어른에게 필히 요구되는 이 사회의 톨레랑스(tolerance)"라고 강조하며, 어린이 소음은 공해가 아니라 삶의 즐거움에 대한 표현이라는 데 사회적 합의를 이루어냈다.

식사 예절을 세련된 의식으로 교육시키는 독일 엄마

26

아이들이 어릴 때 레스토랑에서 식사를 하고 있는데, 옆자리에 앉은 젊은 독일 가족의 대화가 들려왔다. 아이들은 3~4세, 5~6세 정도, 엄마 아빠는 30대인 것 같았고 식사가 거의 끝나갈 무렵이었다.

"엄마, 나 이제 다 먹었어."

"이제 다 먹은 거야?"

"응. 배불러서 그만 먹을래."

"그런데 아직 음식이 남아 있네. 배가 불러서 다 못 먹는 거야?"

"다 먹었잖아. 이것 봐, 빈 접시야."

"그게 왜 빈 접시야? 접시에 음식이 지저분하게 아직 붙어 있잖아. 깨끗이 닦아 먹어야지."

"잉, 그만 먹고 싶은데."

"배가 불러서 남기는 거라면 어쩔 수 없지만, 넌 지금 긁어 먹기 귀찮아서 남긴 거지? 지저분한 접시가 말해주고 있잖아. 음식은 모두 소중한 거야. 너는 귀찮아서 버리는 음식이지만 가난한 아프리카 아이들에게는 얼마나 소중하겠니? 그 아이들한테 미안해서라도 접시를 깨끗이 비워야지."

아이는 엄마의 긴 잔소리에 어쩔 수 없다는 듯 열심히 빈 접시를 긁었다. 엄마는 긁어 먹을 때는 나이프와 포크를 어떻게 사용해야 하는지 설명해주며 미소 띤 얼굴로 지켜보았다.

"아프리카 아이들을 생각해봐. 이 음식이 얼마나 소중한지 알겠지?"

이 말은 독일 아이들이 밥상머리에서 엄마에게 가장 많이 듣는 잔소리 중 하나다. 식사 후 특별한 이유 없이 접시를 깨끗이 긁어 먹지 않으면 으레 이런 핀잔을 들어야 한다. 독일 사람들은 이처럼 어릴 때 밥상머리에서 들은 엄마의 잔소리 때문인지 성인이 된 후에도 식사 습관이 좋지 않은 사람을 보면 아프리카 아이들 이야기를 한다.

분식점에서 간단한 식사를 하면서도 음식이 남으면 싸가는 것이 아주 당연하다. 얼핏 보기에 먹지 못할 것 같은 음식을 싸달라고 하면서 식당 종업원에게 미안한지 "굶고 있는 아프리카 아이들을 생각하면 음식을 남기면 안 될 것 같아서……"라고 쑥스럽게 변명 아닌 변명을 하기도 한다. 어릴 때 엄마에게 수도 없이 들었던 말을 자기도 모르게 되풀이하는 것이다.

독일은 점점 이민자와 외국인이 많아져 레스토랑에 갈 때마다 여러 나라 사람들을 보게 되는데, 식사하고 떠난 자리를 보면 독일인 그룹이 앉아 있던 자리인지 아닌지를 바로 알 수 있다. 앉아 있던 자리가 가장 깨끗하기 때문이다. 접시는 대부분 말끔히 비워져 있고 포크와 나이프는 빈 접시에 가지런히 놓여 있다. 가끔 음식을 남긴 경우에도 접시 한쪽에 깨끗하게 모아놓는다.

특히 뷔페 레스토랑에 가면 독일인과 외국인을 더 구분하기 쉽다. 다 먹지도 못하면서 음식을 잔뜩 쌓아놓는 등 식탁을 난장판으로 만들어놓고 나가는 사람들은 외국인일 경우가 대부분이다. 그 옆을 지나는 독일인들은 모두 인상을 찌푸리며 고개를 절레절레 흔든다. 어떤 사람들은 그런 빈자리를 보고 한마디씩 하기도 한다.

독일인은 우리보다 외식을 많이 하지 않는다. 그렇다고 집에서 복잡하거나 거창한 요리를 자주 하는 사람들도 아니다. 맛있는 음식을 즐기면서 느끼는 행복감이야 동서고금을 막론하고 같겠지만, 독일인은 먹는 일보다는 휴가를 위해 가장 많은 돈을 쓴다.

한 연구 기관이 독일에서 외식을 가장 많이 하는 청년층을 대상으로 조사 결과에 따르면 27퍼센트의 청년이 일주일에 두 번 정도 외식을 하는 것으로 나타났다. 지난 2011년의 41퍼센트에 비해 계속 감소하고 있는 추세다. 또 한 번 외식할 때마다 평균 30~50유로 정도의 외식비를 쓴다고 한다. 전체 생활비에서 외식 포함 독일인의 평균 식비는 12퍼센트라는 통계에 비추어볼 때 밖에서 먹는 횟수가 얼마나 미미한지 알 수 있다.

독일에서 외국인, 특히 동양인으로 살다 보면 지루하고 재미없다고 느낄 때가 많다. 한국이 가장 그리운 날은 맛있는 것이 먹고 싶을 때다. 집 앞만 나가면 어디를 가든 음식 천국인 나라. 먹을거리가 풍부하고 외식 문화가 발달한 한국에 살았던 사람이기에 더 그렇게 느낄 수도 있겠지만, 여기 살면서 가장 아쉬운 점 중 하나가 외식이다.

어떤 레스토랑에 가도 내 입맛을 충족시켜줄 만한 메뉴가 없기 때문이다. 고급 레스토랑이라도 먹을 것이라고는 고작 스테이크 정도고, 한국 식당 역시 재료가 한정되다 보니 특별한 메뉴가 없다.

아무리 유명한 독일 식당이라도 만족하게 식사를 한 적이 단 한 번도 없었던 것 같다. 그러다 보니 레스토랑은 아예 쳐다보지도 않는다. 그나마 가끔 가는 곳은 한국 식당이다.

우리가 사는 아헨에는 한국 레스토랑이 없어 차로 한 시간 정도 거리에 있는 뒤셀도르프나 쾰른의 한식당을 자주 찾는데, 독일 지인들에게 어제는 외식을 위해 뒤셀도르프에 갔다 왔다고 자랑하면 "그 먼 곳까지 먹기 위해 갔단 말이니?"라며 깜짝 놀란다.

아이들이 어릴 때는 맛이 있든 없든 가끔 독일인이 잘 찾는 레스토랑에 가곤 했다. 그런데 엄마와 아빠는 스테이크, 이탈리아식 파스타든 제대로 된 요리를 시키고, 아이들에게는 고작 감자튀김 하나만 달랑 시켜주는 독일 가족의 모습이 자주 눈에 들어왔다. 아이들 위주로 돌아가는 우리 집과는 참 많이 다른 것 같아 그때마다 아이들을 둘러보며 항상 한마디씩 했다.

"저것 좀 봐라. 저러니 독일 사람들은 식비가 얼마나 적게 나오겠니? 아빠랑 엄마는 비싼 요리 먹고 아이들은 감자튀김만 먹잖아. 그런데 너희들은 엄마 아빠보다 더 비싼 것을 시키고 있으니. 독일 부모들은 참 좋겠다. 식비가 적게 들어서 말이다."

농담이지만 한마디 하면 아이들은 즉시 두 마디를 응수해온다.

"엄마, 그건 다 엄마 잘못이야. 왜 우리한테 맛있는 음식이 뭔지 알게 한 거야? 쟤네들은 감자튀김이 세상에서 제일 맛있는 줄 알지만 우리는 잘 알잖아? 어른들이 좋아하는 요리가 더 맛있다는 사실을."

그런데 감자튀김 하나 달랑 시켜놓고 식사 예절은 얼마나 철저히 가르치는지 모른다. 식탁 위로 팔을 올리지 마라, 다른 사람에게 방해될 정도로 크게 웃거나 떠들지 마라, 접시가 깨끗하도록 먹어라, 남겨서는 안 된다 등등. 내용물은 부실해 보이지만 상품 설명서 하나만큼은 철저하다는 느낌이 들 정도다.

20여 년 독일에 사는 동안 선진국에 대한 내 생각도 많이 변했다. 한국이란 울타리 안에서 막연히 서구 선진국이란 말을 듣기만 할 때는 경제적 여유, 탄탄한 복지 등 다분히 물질적인 부분만을 떠올렸던 것 같다.

그런데 막상 여기 와서 살아보니 평범한 중산층의 삶은 결코 우리네 중산층보다 여유롭지 않았다. 높은 세금과 의료보험, 수도세, 전기세 등 어마어마한 공공 요금을 부담하고 나면 한 달을 빠듯하게 살아갈 정도다. 대외적인 국가 경쟁력과 달리 일반인의 삶은 한국보다 오히려 못하다는 생각이 들 정도다.

그러나 이 나라가 선진국이라는 사실을 가장 분명하게 느낄 때는 식사 예절 같은 세련된 의식을 접할 때다. 접시에 붙어 있는 감자 한 조각을 보면서도 아프리카의 굶주린 아이들을 생각하는 사람들. 이런 생각은 하루아침에 만들어지는 것이 아니기에 더 중요하다. 또한 성숙한 국민 의식을 고양하는 데 가장 큰 역할을 하는 사람이 바로 엄마이기 때문에 엄마 교육의 중요성은 아무리 강조해도 모자람이 없는 것 같다.

아무리 명품 옷에 금은보화로 된 액세서리를 주렁주렁 달고 다니는 사람이라도 식사를 마친 그의 빈 접시를 보면 그 사람이 얼마나 형편없는 윤리 의식과 정돈되지 못한 삶을 살고 있는지 판단 아닌 판단을 하게 된다.

그리고 갑자기 그의 세련되어 보이는 언행과 외모가 가식으로 덮여 있다는 선입견이 생겨나기 시작한다. 물론 비약적인 생각일 수도 있지만 지금까지 가까이에서 경험한 대부분의 사람은 나의 이와 같은 선입견에서 크게 벗어나지 않았던 것 같다.

만 3세 이상 아이가 유치원에 가면 일자리를 찾는 독일 엄마
27

지금은 나도 일을 하고 있지만, 작은아이가 김나지움 저학년일 때까지는 가사에만 전념했다. 물론 그사이에 책을 네 권 출간하는 등 집필을 위해서도 적지 않은 시간을 보냈다. 그래도 전업주부로서 가사와 아이들 돌보는 일이 주업이었다.

편하게 사는 데 익숙하지 않은 성격 탓인지 아이 둘을 키우고 집안일을 챙기느라 바쁜 와중에도 전업주부가 남은 내 삶의 전부가 될 것이라 생각해본 적은 없었던 것 같다.

한국에서는 대학을 졸업하자마자 바로 직장 생활을 시작했고 독일에 와서도 한가하게 지낸 적이 없다. 큰아이가 유치원을 다니는 동안에는 어학연수로 바빴고, 비록 건강상의 이유로 중도에 그만둘 수밖에 없었지만 작은아이가 태어나기 전까지 대학에 다니기도 했다.

언젠가는 내 일을 해야 한다는 생각을 하고 있었지만, 막상 아이들이 엄마의 손이 덜 갈 정도로 자란 후에도 낯선 이국땅에서 일자리를 찾기란 쉽지 않았다. 더욱이 주변에 도움을 받을 일가친지도 없고 한국처럼 방과 후 시간을 책임져줄 사설 학원이 있는 것도 아니어서 자의반 타의반 작은아이가 김나지움 저학년이 될 때까지는 전업주부를 선택할 수밖에 없었다.

특별히 부모에게 물려받은 재산이 없는 한 남편이 가져오는 월급을 쪼개 살림해야 하는 전업주부의 삶이란 독일이나 한국이나 빠듯하기는 매한가지다.

특히 독일은 학력이나 직업에 따른 임금 격차가 한국만큼 크지 않기 때문에 어떤 계층이든 남자 혼자 벌어서 풍족하게 살기란 쉽지 않다. 학력이나 대기업과 중소기업 간 임금 차이가 이 나라에서도 당연히 존재하지만 우리만큼 크지는 않다.

아이들이 어릴 때는 나 또한 남편의 월급만으로 입는 것은 물론 식생활까지 조절하면서 빠듯하게 살림을 꾸려나갔다. 그런데 어이없게도 우리 집은 주변에 부자로 소문이 났다. 한 번은 작은아이가 저녁 식사 도중에 궁금하다는 듯 물었다.

"엄마, 우리 집 부자야?"

"왜? 네가 보기에 우리가 부자 같아?"

"아니. 친구들이 그러는데, 우리 집이 잘산데."

"무슨 소리야? 친구들이 우리 집이 부자인지 아닌지 어떻게 알아?"

"친구 엄마가 그랬대. 아빠가 돈을 많이 벌어오기 때문에 엄마가 일하지 않고 집에 있는 거라고."

"엄마가 집에 있으면 부자인 거야?"

"응, 친구 엄마가 그렇게 말했대. 아기도 없는데 엄마가 일하지 않고 집에 있으면 부자라고."

처음 이 말을 들었을 때는 아이가 무슨 소리를 하는지 이해할 수 없었다. 두서없는 아이들 이야기임을 감안하고라도 부자에 대한 독일 사람들의 기준이 황당하고 어이없었다.

그런데 이와 같은 이야기를 그 후에도 이웃이나 아이들 친구 엄마한테 직접 몇 번씩이나 들었다. 그제야 우리 아이 친구들이 왜 우리 집을 부자라고 이야기했는지 알 수 있었다.

우리 아이 친구 엄마들 중 전업주부는 나 말고 한 사람도 없었다. 또 이웃들을 둘러보니 의외로 맞벌이가 아닌 집은 하나도 없었다. 아이들이 유치원을 다닐 때는 육아에만 전념하는 엄마들이 많았기 때문에 이 문제를 진지하게 생각해보지 않았고 초등학교 다닐 때도 일하는 엄마들이 많기는 했지만 그렇지 않은 엄마도 있어 별로 신경 쓰지 않았다.

그런데 우리 집이 부자라는 이야기를 몇 번 듣고 나서 주위를 둘러보니 아이가 김나지움에 들어가고부터는 나도 모르는 사이 모두들 맞벌이를 하고 있었다. 아이가 제 앞가림을 할 수 있는 나이임에도 특별한 이유 없이 집에 있는 엄마는 거의 없을 뿐만 아니라 주부가 가사만 전담하는 게 독일에서는 사치라는 사실도 뒤늦게 깨달았다.

지금 김나지움은 종일반이지만 우리 아이들이 어릴 때는 학교 수업이 반일제였기 때문에 보통 아이들은 방과 후 집에 와서 점심을 먹었다. 여느 한국 엄마들처럼 나도 아이들이 어릴 때는 건강한 밥상을 차려주는 게 엄마의 중요한 임무라고 생각했다. 오늘은 어떤 맛있는 요리로 우리 아이들을 기쁘게 해줄 수 있을까? 아이들을 위해 식사를 준비하는 시간이 내게도 기쁨이었다. 밥 먹는 모습을 지켜보는 동안엔 "맛있어?"를 반복하며 아이들로부터 엄마로서 임무를 훌륭하게 완수했다는 사실을 인정받으려 했던 것 같다.

그러나 독일 엄마들은 달랐다. 대부분 일을 하는 독일 엄마들은 날마다 아이에게 맛있는 점심을 차려주는 일을 엄마로서 의무로 생각하지 않는 것 같고 아이들도 그런 기대를 하지 않았다.

물론 독일 직장은 비교적 근무 시간이 자유롭고 파트타임 등 유연성이 있기 때문에 자녀 양육과 일을 병행하는 데 한국보다 좋은 조건임은 분명하다. 그러나 직장은 직장이기에 아이들과 시간을 정확하게 맞추기는 쉽지 않다. 그러다 보니 학교를 마친 많은 아이들이 엄마 없는 빈집에 열쇠로 문을 열고 들어간다.

아이들은 전날 먹다 남긴 피자나 스파게티를 스스로 데워 먹거나 간단하게 빵으로 점심을 해결하는 데 익숙하다. 그렇다고 점심을 챙겨주지 않는 엄마에 대해 불만을 갖지는 않는다. 대부분의 친구들이 비슷하게 살고 있기 때문에 당연하게 받아들이는 것이다.

독일 엄마들은 바쁘다. 자식 교육 때문에 바쁜 것이 아니라 자기 일을 하느라 바쁘다. 연방통계청의 발표에 의하면 16세 이하의 자녀를 둔 독일 엄마 70퍼센트가 일을 하고 있는 것으로 나타났다. 물론 종일 근무인 폴차이트(Vollzeit) 아르바이트와 시간제인 타일차이트(Teilzeit) 아르바이트로 나눌 수 있지만, 많은 엄마들이 일을 하고 있다. 또 아이가 1세부터 3세까지 시기에는 육아에만 전념하는 엄마가 상대적으로 많다는 것을 감안하면 아이

자식에게
올인하지 않는 독일 엄마
28

 두 아이를 키우면서 경험한 독일 교육 이야기를 한국인을 대상으로 쓰면서 너무나 다른 두 나라의 교육에 대한 인식 때문에 공감대를 찾아내는 데 어려움이 많았다. 특히 사교육에 대해서는 설득이 쉽지 않았다.
 '사교육 없는 나라 독일'이라는 표현에 대해 사교육을 경험한 독일 학생들의 통계를 제시하며 나의 표현이 거짓이라고 공격하는 사람도 있었다. 이렇게 한국인에게 독일 사교육에 대한 이해를 구하기도 힘들었지만, 반대로 독일인에게 한국의 사교육에 대해 이해받기도 쉽지 않았다.
 '독일 교육 이야기'를 쓰는 동안 우리 아이들 친구 부모를 비롯해 적지 않은 학부모와 교사들을 인터뷰하면서 한국 사교육의 실상을 이야기했을 때 그 누구도 내 말을 곧이곧대로 믿으려 하지 않았다.
 서울 청담동에 사는 어떤 가정의 사교육비가 월 500만 원이라는 신문기사를 전하자 소스라치게 놀랐다. 그 가정의 월수입이 500만 원이라는 말을 듣고는 벌린 입을 다물지 못하면서 내가 지나치게 과장하고 있는 것 같다며 진의를 의심했다.

한국 언론에 오르내리는 이런 기사를 특별한 사람들의 이야기로만 생각하다가 한국에 가서 정말 평범한 지인을 통해 다시 한 번 확인하는 계기가 있었다.

고등학교에 다니는 두 아이를 키우던 지인은 대기업 중견 간부로 일하는 남편이 넉넉하지는 않지만 먹고살기에 부족함 없을 정도의 월급을 받고 있었다. 그런데 그녀는 하루하루 사는 게 너무 힘들다며 어떤 날은 시장 보러 갈 돈도 없어 절절 맬 때가 있다며 죽는 소리를 했다.

이유는 아이들 사교육 때문이었다. 비교적 고위직에 있지만 남편이 받아오는 봉급은 두 아이의 사교육비를 대기에 턱 없이 모자라기 때문이라고 했다. 더 황당한 이유는 아이들이 공부를 잘하기 때문이었다. 공부를 잘할수록 그런 아이들만 모아서 하는 고급 그룹 과외를 받아야 성적을 유지할 수 있다는 게 지인의 말이었다. 그룹 과외를 받지 않으면 그 결과가 바로 다음 성적으로 나타날 수밖에 없는 것이 현실이라고 했다.

독일 엄마들은 자신의 자녀에게 올인하지 않는다. 자녀를 위해 온전히 희생을 감내하는 시기는 3세까지라고 해야 맞을 것 같다. 그 시기에는 아무리 좋은 직업을 가진 전문직 종사자라 할지라도 한 번쯤 경력 단절을 각오하고 육아에 전념하기 위한 방법을 찾는 데 골몰한다. 혹은 여건이 맞는 직장이라면 휴직을 선택하는 것이 보통이다.

3세가 넘으면 독일 엄마들은 서서히 아이를 독립시킬 준비를 한다. 육아 이외에 남는 시간은 취미 생활이나 미래를 위해 투자하기보다는 돈을 벌들이 학교에 다니는 시기에는 대부분의 엄마가 직업을 갖고 있다고도 볼 수 있다.

아이가 3세 이상이 되어 유치원에 입학하면 독일 엄마들은 일자리를 찾기 시작한다. 그때부터 육아와 가사는 엄마의 고유 업무가 아니다. 독일 아빠들은 가사와 육아에 적극적으로 동참한다. 자녀 양육과 교육은 엄마의 중요한 임무이기도 하지만 아빠도 공동의 책임을 다해야 한다. 또한 아이가 학교에 입학하면 자녀교육에 대한 부모의 의무를 많은 부분 학교와 지역 사회가 분담하기 때문에 엄마들이 자녀교육으로 인해 온전히 자신을 희생하지 않아도 된다.

당연히 출산과 육아 때문에 소중한 일자리를 잃는 경우도 많지만 상대적으로 재취업의 기회가 많은 독일에서 아이 때문에 희생했다는 말은 설득력이 떨어지고, 출산과 육아가 성공적인 여성의 삶을 가로막는다는 논리의 정당성도 한국보다는 희박할 수밖에 없다.

독일 아이들은 엄마의 희생을 먹고 자라는 게 아니라 엄마가 살아가는 모습을 본받으면서 성장한다고 해야 맞을 것 같다. 아이들에게 엄마는 날마다 맛있는 요리로 끼니를 챙겨주면서 사랑을 표현하고, 어떻게 하면 성적을 올릴 수 있을까 함께 고민하며 사교육을 시키는 사람이 아니다.

독일 아이들은 식사를 챙겨주는 일이 엄마의 의무라고 생각하지 않는다. 또 성적을 올리기 위해 사교육을 시키는 식의 엄마 도움도 필요로 하지 않는다.

엄마도 아이도 각각의 자리에서 최선을 다해 열심히 사는 모습만으로 서로에 대해 만족한다. 학교 공부에 탁월한 능력을 보이는 학생이라면 더 없이 좋은 자식이겠지만, 독일 엄마들은 공부로 1등 하는 아이보다는 건강한 공동체의 일원으로 문제 없이 살아가는 아이, 스스로의 삶을 순간순간 즐기며 건강하게 살아가는 자녀의 모습에 만족한다.

"나쁜 녀석들 같으니라고. 친구 부모님이 이 사실을 알면 엄마가 욕 먹잖아. 우리 집에서 위스키를 먹었으니 말이야."

"엄마, 독일 엄마들은 다 이해해. 자기들도 김나지움 때 그랬는데 혼내겠어? 그냥 그러면 안 된다고 말하는 정도겠지. 다음부터 안 그럴게."

형식적인 대답인 줄 뻔히 알면서 다음부터 그러면 혼난다고 으름장을 놓고는 끝을 냈다.

우리만 그런 게 아니라 이 나이 또래가 있는 평범한 독일 가정이라면 흔히 오가는 엄마와 아이의 언쟁이다. 문제아 이야기가 아니다. 아주 평범한 16세 독일 청소년들의 흔한 스토리다. 독일 부모들은 아이들의 이와 같은 작은 일탈을 심각하게 생각하지 않는다. 그 나이 때 흔히 할 수 있는 일이라고 여기는 것 같다. 아주 큰 문제가 발생하기 전까지는 꾸중보다 진지한 조언으로 갈무리하려고 노력하는 편이다.

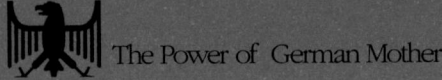

기 위한 일을 찾는다. 휴직했던 엄마들은 복직을 시작하고 육아로 인해 경력이 단절되었던 엄마들은 아이를 유치원에 보내는 동안만이라도 짧은 시간제 아르바이트를 시작한다.

그렇게 조금씩 자신의 일을 늘려가다 아이가 16세쯤 되면 엄마들은 자녀로부터 해방을 맞을 수 있다. 아이들은 학교 이외의 활동을 스스로 할 수 있기 때문에 이때부터는 일을 하든 취미 활동을 하든 엄마들이 온전한 자유를 누릴 수 있는 것이다.

16세면 한국에서는 고등학생이다. 공부는 해도 해도 부족하고 아이들을 뒷받침해야 하는 엄마의 할 일도 많아질 때다. 공부는 아이가 하는데 왜 엄마의 할 일이 많아지는지에 대해서는 항상 의문이지만, 한국적 교육 현실에서 자녀교육에 대한 걱정을 거두는 일은 결코 쉽지 않다.

그런데 독일 엄마들은 16세부터 자녀로부터의 해방이 가능하다. 부모가 마음먹기에 따라 개인차도 있겠지만, 대부분의 독일 부모는 이때 정신적으로도 해방감을 갖고 자신만의 시간을 누리기 시작한다. 그 또래의 친구 엄마들을 만날 때마다 하나같이 하는 말은 "16세면 다 키웠다"이다. 부모들의 이러한 생각은 청소년을 대하는 독일 사회의 규범이나 인식에 뿌리를 두고 있는 것 같다.

독일에서 16세가 갖는 의미는 우리의 그것보다 크다. 비록 온전히 성인으로 대접받는 것은 아니지만 16세부터 18세가 될 때까지 2년 동안 성인과 청소년의 중간 과정으로 허락되는 일이 많다. 16세부터는 자기가 살고 있는 지역의 자치단체장을 선출하는 지방 선거 투표권이 주어지며, 운전면허를 취득해 자기 차를 몰고 등교할 수도 있다. 또한 맥주를 마실 수 있고, 밤 12시까지 클럽에서 놀 수도 있다. 독일 아이들은 클럽에서 맥주를 마시며 춤추고 놀기 위해 16세가 되기를 손꼽아 기다린다. 학교도 큰 문제가 발생하지 않는 한 더 이상 부모에게 학생의 일을 보고하거나 상의하지 않고 학생 스스로에게 맡긴다.

"걱정 좀 그만해. 난 이제 열여섯 살이란 말이야!"

이 나이 때 독일 아이들이 엄마의 잔소리가 듣기 싫을 경우 가장 많이 하는 말대꾸다. 16세 아이들은 스스로를 완전한 성인으로 착각하기도 하지만, 클럽에서 신나게 춤추며 놀다가 12시가 되어 집으로 돌아갈 때면 "아직 어른이 되려면 멀었구나"라고 느낀다.

우리 작은아이가 현재 바로 그 16세다. 친구들과 어울려 술 마시는 일은 예사고, 축제 시즌이 되면 클럽에도 간다. 밖에 나가면 술값이 비싸기 때문에 클럽에 가기 전 종종 집에서 술을 마시고 얼큰하게 취해서 가기도 한다.

작은아이 친구들은 우리 집에서 자주 모여 논다. 얼마 전에는 맥주 파티를 한 뒤 클럽에 간다고 하기에 나중에 2층으로 올라가 보니 녀석들이 맥주에 슬쩍 위스키를 섞어 먹고 달아났다. 슈퍼마켓에서는 청소년에게 술을 팔지 않는데 어떻게 된 일인지 궁금했다.

12시에 클럽에서 돌아온 녀석에게 한마디 했다.

"맥주만 마신다고 하더니 이 위스키는 누가 사온 거야?"

"히히, 레오가 사왔어."

"아이들한테는 술을 안 파는데 어떻게 산 거야?"

"레오가 원래 좀 늙어 보이잖아. 들킬까봐 조마조마했는데 나이를 물어보지 않아서 성공했대."

독일 부모의 일부러 숙제 틀리게 봐주기

29

큰아이가 초등학교 1학년 때였다. 가까운 거리에 살면서 우리 아이와 친하게 지내던 다비드라는 친구가 있었다. 아빠는 물리학을 공부한 후 컴퓨터 계통의 개인 사업을 했고, 엄마는 건축학과를 졸업한 뒤 건축사로 일하는 전형적인 독일 중산층 가정의 아이였다. 우리 아이와는 숙제를 함께하기도 하고 운동도 같이해서 다비드의 근황은 큰아이와 나의 대화에 자주 등장했다.

어느 날 큰아이가 방과 후 집에 오자마자 숙제 검사 이야기를 했다.

"엄마, 나 오늘 숙제 잘했다고 선생님한테 칭찬 들었어."

"그랬어? 정말 잘했네."

"그런데 오늘 다비드는 쓰기 숙제를 틀리게 해와서 망신당했어."

"숙제를 틀리게 해왔다고 왜 망신을 당해? 너의 선생님은 그런 분이 아니잖아. 정말 친절하고 좋은 선생님인데."

"그게 아니라 선생님이 숙제가 틀렸다고 고쳐주었더니, 다비드가 자기 숙제는 틀리지 않았다고 우기는 거야. 선생님이 왜 틀렸는지 설명했는데도 계속 아니라면서 나중에는 울었어."

"울기는 왜 울어. 아니면 아닌 거지."

"그게 아니라 숙제를 한 다음 아빠에게 물어보았는데, 아빠가 잘했다고 했대. 그러곤 자기 아빠는 박사라서 안 틀렸을 거라면서 운 거야."

"그래서 선생님이 뭐라고 하셨는데?"

"선생님이 말하기 전에 반 아이들이 모두 까르르 웃는 바람에 다비드가 창피해서 울었던 것 같아."

"그래? 다비드 아빠가 모를 리 없을 텐데 왜 그랬을까?"

아이에게 이런 이야기를 듣고 한참이 지난 어느 날 우연히 길에서 다비드 엄마를 만났다. 다비드 엄마와는 같은 동네에 살기도 하지만 아이들이 유치원 때부터 친구여서 친하게 지내는 사이였다. 아이들이 어릴 때여서 이것저것 학교에 대해 궁금한 일들도 많아 만날 때마다 시간 가는 줄 모르고 이야기를 나누곤 했었다.

그 즈음엔 아이들이 초등학교 입학하고 얼마 지나지 않은 때여서 이야기 주제는 대부분 학교 생활에 관한 것이었다. 그날도 아이들 이야기를 하다가 얼마 전 들었던 다비드 숙제 사건이 생각났다. 다비드 아빠가 숙제를 왜 제대로 가르쳐주지 않았느냐고 물었더니 의외의 대답이 나왔다.

숙제 해프닝이 있던 날 학교에서 돌아온 다비드는 현관문을 열자마자 "아빠는 엉터리, 가짜 박사야. 초등학교 1학년 숙제도 모르는 사람이 무슨 박사야"라며 잔뜩 화를 냈다. 그리고 아빠한테 속았다며 엄마를 붙들고 투

4부
104명의 노벨상 수상자를 배출한 독일 엄마의 교육법

......

독일은 미국과 영국 다음으로 노벨상 수상자를 많이 배출한 나라다. 그런데 얼마든지 학문 선진국임을 자부해도 모자람이 없어 보이는 이 나라의 중고등학교 학업 수준과 학업을 대하는 엄마와 학생의 자세는 내 눈에는 언제나 형편없어 보인다. 한마디로 공부에는 크게 관심 없다.

서 직접 아이들을 지도해야 할 필요성을 느끼고 있다고 대답했다. 또 55퍼센트는 시간 부족으로 숙제를 봐주거나 자녀를 가르치는 데 큰 부담을 갖고 있다고 한다. 그중에서도 초등학교 부모의 부담이 가장 심한 것으로 나타났다.

다비드 이야기는 물론 그 부모의 개인적 교육관일 수도 있으므로 섣불리 일반화할 수 없다. 정확한 숙제 지도를 위해 아이와 함께 머리를 싸매고 "요즘 초등학교 문제는 왜 이렇게 어렵냐!"고 투덜거리며 나처럼 가르치려는 부모도 당연히 있을 것이다. 그러나 내가 본 많은 독일 부모는 초등학교 아이한테 어떻게 많은 지식을 정확하게 전달할까를 고민하기보다 스스로 공부하는 습관을 길러주기 위해 노력했다.

또한 특별한 예이기는 하지만 다비드 부모처럼 틀린 숙제를 고쳐주지 않고 선생님에게 검사받도록 하는 사람도 있다. 이런 부모 중에는 학교 교육은 부모가 아닌 학교가 책임져야 한다는 생각으로 아이 숙제에 전혀 관여하지 않는 부모도 더러 있지만, 대부분은 처음부터 스스로 공부하는 습관을 길러주기 위해 시도하는 일종의 교육 행위라는 생각이 들었다.

당시만 해도 나는 초등학교 1학년밖에 안 된 아이에게 완벽한 학교 생활을 기대했던 것 같다. 또 언제나 다른 아이들보다 앞서기만 바라던 내게 숙제가 틀렸다는 걸 알면서도 그냥 학교에 가져가게 한다는 것은 있을 수 없는 일이었다. 지금 생각해보면 바로 앞만 내다보고 달리던 내 눈에는 보이지 않던 자립심을 키워주는 교육이었던 것 같다. 또 학교와 선생님을 믿고 아이들을 맡기는 데 익숙하기에 내릴 수 있는 결단이라는 생각도 든다.

한국식으로 첫째를 키우고 온전한 독일 엄마의 교육 방식은 아니지만 교육에 대한 이들의 여유를 체득하면서 둘째를 키우며 나 또한 알게 되었다. 아이들은 엄마가 고기를 잡아주지 않으면 스스로 낚시하는 법을 연구한다는 사실을 말이다.

그래서일까. 학교 교육에 대해서만큼은 오롯이 학교에만 의지하며 방치하다시피 키우고 있는 작은아이에게서 더 독립적이고 능동적인 모습을 볼 때마다 큰아이에게 미안한 생각이 들곤 한다.

정을 부렸다고 한다.

 그런데 다비드 엄마의 말을 들어보니 일련의 사건은 이미 계획되어 있었다. 아빠가 틀린 줄 알면서도 숙제를 정확하게 알려주지 않은 이유는 아이에게 자기 일은 스스로 해결하는 습관을 길러주기 위해서였다고 했다. 아이가 물어보았을 때 바로 친절하게 지도하는 방법도 좋기는 하지만, 그렇게 하면 수동적으로 공부하는 학생으로 클 확률이 많다는 것이었다.

 아울러 숙제가 틀려서 선생님에게 지적을 받으면 부모가 가르쳐준 것으로 칭찬을 듣는 것보다 더 오래 기억에 남는다고 했다. 또 자존심이 상했으니 수업 시간에 열심히 공부할 것이라는 기대도 하고 있었다.

 실제로 아이는 그날은 학교에서 창피해 죽는 줄 알았다고 화를 냈지만 그다음부터는 숙제에 대해 물어볼 일이 있어도 아빠에게 질문한 후 반드시 엄마의 대답과 일치하는지 확인한다고 했다. 그리고 아빠보다 선생님이 정확하다는 걸 알았기 때문인지 학교에서도 집중을 더 잘하는 것 같고 툭하면 "우리 선생님이 그러는데……"라며 선생님을 절대적으로 믿게 되었다고 한다.

 우리 아이가 숙제를 물어오면 혹여 하나라도 틀릴까봐 함께 고민하고 설명까지 곁들여 완벽하게 가르쳐주어야 직성이 풀리던 한국 엄마인 내게 다비드 부모의 교육 방법은 그야말로 충격이었다. 망치로 뒤통수를 한 대 맞은 것 같은 느낌이었다. 나는 왜 아이가 숙제를 틀리게 해가면 안 된다고 생각했을까. 틀리면서 더 많이 배울 수도 있었을 텐데 말이다. 모든 공부는 정답을 찾아내야 한다는 생각에 젖어 있던 나는 틀린 숙제를 통해 아이가 스스로 공부하는 방법에 익숙해질 수 있다는 생각까지는 하지 못했던 것 같다.

나의 전작《독일 교육 이야기》와《독일 교육 두 번째 이야기》를 읽지 않고 제목만 들은 사람 중에는 종종 '독일은 공부에 관한 스트레스가 전혀 없는 나라'라고 극단적으로 생각하는 경우도 있다. 그러나 그렇지 않다. 학습에만 올인하는 것은 아니지만 좋은 성적을 기대하는 부모의 마음은 독일이나 한국이나 마찬가지다. 이 사람들에게 다른 점이 있다면 공부를 잘하고 있음에도 성적을 더 많이 올리기 위해 사교육을 생각하지는 않는다는 것이다.

그 때문에 학교에서 충분한 학습이 이루어지지 않는다는 느낌이 들면 한국보다 불만이 더 많을 수도 있다. 특별한 경우를 제외하고는 일반적인 보습 학원이 없는 독일에서 학생들에게 도움을 줄 수 있는 유일한 과외 선생님은 부모. 공부를 잘하는 아이로 키우려면 부모가 한국보다 몇 배의 노력을 기울여야 할지도 모른다. 아무리 경제적으로 풍족한 가정이라도 부모가 직접 학습 태도를 바로잡아주지 못하면 그 이외의 방법을 찾기가 쉽지 않은 나라이기 때문이다.

특히 초등학교 과정에서 많은 문제가 나타난다. 중고등학교에 입학하면 아이들은 이미 스스로 알아서 공부하는 데 익숙하기 때문에 부모의 도움이 그리 중요하지 않을 수도 있다. 하지만 처음 학교 교육을 시작하는 시기인 초등학교 1학년부터 4학년까지는 부모의 도움이 많이 필요한 것이 사실이다.

독일의 언론 연구소인 TNS 엠니트(TNS Emnid)에서 3~16세 사이 학생의 부모 3000명을 대상으로 한 조사 결과에 따르면, 94퍼센트의 부모가 집에

초등학교 입학을 위한 학교 전문의 진단
30

큰아이 초등학교 친구인 율리안은 큰아이보다 두 살이나 많았다. 우리 아이는 당시만 해도 한국 학교의 입학 연령에 맞추어 가느라 독일 아이들보다 6개월 빨리 초등학교에 입학했고, 율리안은 다른 아이들보다 1년 늦게 들어갔기 때문에 두 아이의 나이 차이가 두 살이나 나게 된 것이다.

율리안이 초등학교에 늦게 입학한 것은 아인슐룽스테스트(Einschulungstest)에 불합격했기 때문이다. 교육이 연방이 아닌 주 소관인 독일은 주별로 약간씩 차이가 있기는 하지만 초등학교에 입학하는 모든 아동을 대상으로 아인슐룽스테스트를 실시한다. 아인슐룽스테스트는 아이가 초등학교에 입학할 정도의 신체적, 지적, 정서적 수준을 갖추고 있는지 학교 전문의 슐아츠트(Schularzt)로부터 진단을 받는 것이다.

우리 아이와 율리안은 나이만 두 살 위인 게 아니라 신체적으로도 차이가 많이 났다. 초등학교 1학년 때는 우리 아이보다 머리 하나 정도는 더 컸던 것 같다. 두 녀석이 함께 등교하는 모습을 보면 친구라기보다 한참 위의 형처럼 보였다.

처음엔 아이가 성숙하다고만 생각했지 나이도 정확히 모르고 학교에 늦게 입학했다는 사실도 몰랐다. 아이들이 친해지고 엄마끼리도 왕래가 잦으면서 자연스럽게 입학에 관한 이야기도 나왔다.

"율리안은 참 많이 커서 우리 애하고 친구가 아니라 큰형 같아 보여요. 우리 아이가 동양인이라 좀 작은 편이긴 한데 율리안은 다른 아이들보다도 유독 크네요."

"아, 네. 율리안은 다른 아이들보다 유치원을 1년 더 다녔고, 초등학교도 1년 늦게 입학했어요."

"아, 그랬구나. 우리 아이는 1년 먼저 들어간 것이나 마찬가지니까 두 살 터울이 나네요. 어쩐지 그 나이 또래보다 성숙해 보인다고 생각했어요. 아프기라도 했나요?"

"신체적으로는 아주 건강하고 정상이에요. 그런데 슐아츠트가 아직 초등학교에 입학할 준비가 되지 않았다고 해서 늦게 입학시켰어요."

"뭐가 문제라고 했나요? 내가 보기에 율리안은 다른 아이들보다 더 지식 수준도 높고 사회성도 좋은 것 같은데."

"정확하게 딱 집어서 문제를 말하지는 않았지만 당시만 해도 사회성이나 지능적인 면에서 학교 생활을 하기엔 부족하다고 하더라고요."

"아, 그랬군요. 고민을 많이 했겠네요."

"고민을 약간 하기도 했지만 결정은 쉽게 했어요. 아이를 무리하게 학교에 적응시키려다가 더 큰 문제를 만드는 것보다는 1년 더 기다리는 편이 좋을 것 같다는 생각을 했어요. 1년 늦는다고 사는 데 크게 문제 될 것 없잖아요? 인생이란 여정은 짧지 않으니까요."

우리 아이들도 학교에 입학하기 전 모두 슐아츠트 진단을 받았는데 평가 방법은 아주 단순하다. 아이의 특성에 따라 약간씩 다르지만 대략 한 시간 동안 진행되고, 테스트 후 바로 현장에서 아이의 지적 수준이나 인지 능력, 사회성, 언어 수준 등에 대한 슐아츠트의 견해와 함께 입학 여부를 알려준다.

첫째는 신체 검사다. 키와 몸무게, 시청각 검사 등 아이의 기본적 신체 발달 사항을 가장 먼저 체크한다.

둘째는 미술 평가다. 아이에게 충분한 시간을 주고 자신의 생각을 그림으로 표현해보도록 한다. 정확한 평가 기준은 슐아츠트의 전문 영역이기 때문에 알 수 없지만, 다른 분야보다 특별히 그리기에 많은 시간을 할애하고 그림을 분석해 아이의 사회성과 정신 연령을 알아보는 것 같았다.

셋째는 숫자 개념 체크다. 덧셈과 뺄셈 같은 계산법이 아니라 아이의 숫자 개념이 어느 정도인지 알아보는 것이다. 예를 들어 슐아츠트가 손안에 몇 개의 주사위를 갖고 있는지 기억해내는 식이다. 잠깐 동안 아이에게 두세 개 혹은 대여섯 개의 주사위를 보여주고 다시 가린 후 몇 개가 손안에 있는지 알아맞히는 게임이다. 아주 단순한 테스트지만 아이가 이 부분을 무사히 통과하지 못할 정도의 지능이라면 초등학교에서 수학을 공부하기 힘들 수도 있다는 생각이 들었다.

넷째는 언어 평가다. 슐아츠트와의 간단한 질의응답을 통해 아이의 언어 수준을 테스트한다. '오늘 아침에는 무얼 먹고 왔어?'라든지 '제일 좋아하는 게임은 뭐야?' 등 단순한 질문부터 '그 게임을 왜 좋아하는 거야?'라는 다소 생각을 요하는 질문까지 슐아츠트는 아이가 긴장하지 않도록 최대한 상냥하게 묻고 대답할 때까지 충분히 기다려준다. 언어 평가는 초등학교 입학의 가부를 결정하는 데 가장 중요한 기준이다.

그 때문에 독일 엄마들은 초등학교 입학 연령이 다가오면 아이의 언어 수준을 체크한다. 그렇다고 책 읽기나 글을 가르치는 것은 아니다. 대신 아이가 어느 정도의 어휘량을 숙지하고, 어느 수준의 자기표현을 소화하는지 세심히 관찰한다.

정작 학교에 입학하면 세월아 네월아 느림보처럼 알파벳을 한자씩 배우지만 그 수업을 따라가는 데 문제가 없는지 사전에 철저히 검사하고, 부족한 아이들에게는 시에서 무료로 입학 전 언어 코스인 도이치포어코스(Deutschvorkurs)를 제공하기도 한다. 도이치포어코스에서도 글자를 가르치는 게 아니라 동화책을 읽어주고 대화하고, 동요를 가르치는 등 놀이 위주의 언어 학습이 이루어진다.

아인슐룽스테스트를 진행하는 건물에 들어서기 전까지는 단순히 초등학교에 입학하기 위한 통과 의례 정도로 생각했는데, 막상 진지하게 테스트를 진행하는 모습을 보면서 혹시 우리 아이가 입학 불가 평가를 받으면 어쩌나 은근히 걱정되기도 했다.

결과가 부적합으로 나올 경우 그럼에도 불구하고 학교에 보내야 할지, 아니면 의사의 권유대로 1년 후 입학시켜야 할지 잠깐이지만 불안한 마음에 고민 아닌 고민을 하기도 했다. 그러나 마음속으로는 '초등학교부터 재수를 시킨다고? 말도 안 돼!'라며 아인슐룽스테스트를 시작하기도 전에 이미 결론을 내려두었던 것 같다. 한국에서는 듣지도 보지도 못한 초등학교 입학 적합도 테스트라는 생소한 과정을 수긍할 수 없었기 때문이다. 우리 아이들은 다행히 둘 다 특별한 문제없이 초등학교에 입학할 수 있다는 긍정적 평가를 받았었다.

그런데 큰아이는 슐아츠트로부터 약간 다른 조언을 들었다. 아인슐룽스테스트는 합격이지만 나이가 다른 아이들보다 한 살 어리기 때문에 입학을 고려해보라는 것이었다. 큰아이가 초등학교에 입학할 때만 하더라도 우리 가족은 한국으로 돌아갈 계획을 세우고 있었다. 그 때문에 3월에 학년을 시작하는 한국 학제에 맞추다 보니 9월에 학년이 시작되는 독일 학제에서는 6개월 빨리 보낼 수밖에 없었다. 한국으로 돌아가면 6개월을 중복해서 다녀야 하고, 자연스럽게 제 나이 또래와 학교 생활을 할 수 있을 것이라는 생각으로 내린 결정이었다. 우리 가족의 상황을 슐아츠트에게 설명하자 지금 입학해도 아이의 사회성이나 지적 수준에는 큰 문제가 없다며 엄마가 알아서 결정하라고 했다.

대부분의 아이들이 입학 가능 진단을 받지만 드물게 의사로부터 '초등학교 입학을 보류해보라'는 통보를 받는 아이도 있다. 그러나 아주 특별한 경우를 제외하고는 의사의 권유 사항일 뿐 부모가 끝까지 아이를 학교에 보내겠다고 주장하면 문제 없이 입학시킬 수도 있다.

대부분의 독일 엄마는 자신의 아이가 취학에 적합한 조건을 갖추지 못했다는 결과가 나오면 입학 보류라는 의사의 권유를 받아들이는 편이다. 실제로 큰아이가 다닐 때도 그랬고, 작은아이가 다니던 초등학교에서도 슐아츠트로부터 취학 부적합 진단을 받아 1년 늦게 입학한 아이들이 한 학년에 한두 명 정도는 있었던 것 같다.

　이렇게 독일 엄마들은 자식에 대한 좋지 않은 평가라도 기꺼이 받아들인다. 당장의 경쟁보다는 아이 스스로 미래를 설계할 수 있을 때까지 아주 천천히 진지하게 그러면서도 객관적인 시각으로 삶의 방향을 잡아주기 위해 노력한다.

선행 학습은 교사의 수업권과 학생의 학습권을 동시에 침해하는 행위

31

작은아이가 초등학교 때 있었던 일이다. 매일 학교에서 돌아오면 그날 있었던 일들을 자랑삼아 엄마에게 늘어놓곤 하던 시기였다. 그날도 학교에서 돌아오자마자 수학 시간에 같은 반 친구가 선생님에게 꾸중 들었던 이야기를 재잘거리기 시작했다.

"엄마, 오늘 알리나가 선생님한테 혼났어."

"왜? 떠들었어?"

"아니, 선생님이 수업 시간에 문제를 냈는데 제일 먼저 정답을 말하는 거야."

"그럼 칭찬을 들어야지, 왜 혼이 나겠니? 지금 무슨 말을 하는 거야?"

"알리나가 정답을 이야기해놓고는 친구들한테 저렇게 쉬운 것도 모르냐고 계속 놀리면서 낄낄거리고, 또 막 바보라고 했거든."

"저런, 잘못을 하기는 했구나."

"걔는 수업 시간마다 그래서 친구들이 잘난 척한다며 싫어해."

"선생님은 뭐라고 말씀하셨어?"

"'넌 지금 친구들 공부를 방해하고 있다'며 다른 아이들도 집에서 미리 공부해 오면 알고 있었을 거라고 했어. 그리고 학교는 모르기 때문에 배우러 오는 곳이지 미리 공부해 와서 잘난 척하는 곳이 아니래. 그리고 별로 다음 시간에는 미리 공부해왔어도 다른 친구들이 충분히 생각할 시간을 준 다음, 정답을 아는 사람이 아무도 없을 때 말해도 좋다고 하셨어. 그리고 엄마한테 전하라며 엘터른브리프(Elternbrief)를 주셨어."

엘터른브리프는 선생님이 학부모에게 보내는 편지다. 그 편지 속에는 아마 '알리나가 선행 학습을 해와서 수업을 방해하고 있으니 수업 시간에 배워야 할 내용을 집에서 미리 가르치지 말아달라'는 내용이 들어 있었을 것이다.

이런 일은 특히 초등학교 1학년 학급에서 종종 발생한다. 독일에서는 드문 경우지만 특별히 엘리트 교육에 경도된 엄마가 초등학교 입학 전부터 선행 학습을 시켰을 수 있고, 혹은 재미 삼아 이것저것 가르치다가 진도를 너무 많이 나갔을 수도 있다.

그러나 초등학교 입학 후 교사로부터 지적을 받으면 보통의 독일 엄마들은 더 이상 선행 학습을 하지 않고 순순히 선생님의 조언에 따른다. 이는 많은 학부모가 교사를 믿기 때문일 수도 있고, 한편으로는 타인에게 피해를 주는 행위는 가장 지탄받아야 할 잘못이라는 독일 사회의 분위기 때문일 수도 있다. 이런 일이 발생했을 때 정상적인 학부모라면 전화로든 편지로든 선생님에게 죄송하다는 사과의 답을 보낼 것이다.

우리 두 아이가 초등학교에 입학할 때마다 첫 학부모 회의 시간에 담임 교사로부터 들었던 똑같은 말이 있다. 절대 선행 학습을 시키지 말아달라는 당부였다. 교육은 학교를 믿고 전적으로 맡겨야 한다는 것이다.

독일 학교는 원칙적으로 선행 학습을 인정하지 않는다. 자녀에게 사교육을 통해 선행 학습을 시키고 안 시키고는 부모의 자유로운 선택이겠지만, 학교 수업은 처음부터 끝까지 모든 학생이 선행 학습을 하지 않았다는 전제하에 이루어진다. 초등학교에 입학하면 독일어는 A, B, C 순으로, 수학은 1 더하기 2부터 시작해 1년 동안 아주 천천히 반복에 반복을 거듭한다. 선행 학습 없이도 어느 정도만 집중하면 얼마든지 수업을 따라갈 수 있는 속도다.

특히 초등학교 교사들은 선행 학습에 민감하게 반응한다. 인문계 중등 학교인 김나지움이나 실업 학교인 레알슐레의 선행 학습은 흔한 예가 아닐뿐더러 학생들의 자기 통제력이 높기 때문인지 이를 초등학생처럼 심각한 문제로 지적하지 않는다. 그러다 보니 고학년으로 올라갈수록 선행 학습 금지에 관한 이야기는 줄어든다.

그러나 초등학교는 상황이 다르다. 아이들이 어리고 판단 능력 또한 고학년과 다르기 때문에 선행 학습을 해온 아이들이 종종 수업 분위기를 흐트러놓을 뿐 아니라 교사의 수업 진행에도 적지 않게 지장을 초래한다.

작은아이가 초등학교 1학년 때 담임 교사로부터 들었던 선행 학습의 폐해는 생각보다 단순하지 않았다. 선생님은 선행 학습이 간접적인 교권 침해라고 설명했다. 교사는 선행 학습을 전혀 고려하지 않고 수업을 준비하는데, 미리 학습해온 학생이 있다면 정상적인 수업 진행에 방해를 받기 때문이다. 예를 들어 학생들의 생각을 유도하기 위해 단계적으로 질문을 하려 했는데, 다른 아이들이 생각할 겨를도 없이 누군가 첫 질문에 정답을 이야기해버리면 문제가 발생한다는 것이다. 이 순간 교사는 수업 진행에 방해를 받고 다른 학생들은 사고할 기회를 잃음으로써 교사의 수업권과 학생의 학습권이 동시에 침해받는 엄청난 일이 발생한다.

따라서 자녀를 초등학교에 입학시키기 전에는 인식이 부족했던 엄마들도 교사의 적극적인 지도를 받은 후에는 선행 학습을 함부로 시도하지 못한다.

독일 엄마의 교육 목표는
대학 진학이 아니다
32

내가 지켜본 독일 엄마들은 자신의 이상과 꿈을 자녀에게 투영하고, 교육을 통해 자신보다 더 나은 사람으로 키우기 위해 올인하지 않는 것 같았다. 아이를 부모의 소유물로 생각하기보다 독립된 사고와 인격을 지닌 성숙한 존재로 인정한다.

처음 독일 엄마들의 자녀교육을 접했을 때는 이러한 모습이 방관자로 보이기도 했다. 아직 아무것도 판단하지 못하고 자립할 능력도 없는 미성숙한 아이들에게 무엇을 판단하고 선택하게 하는지에 대해 의문이 들기도 했다.

대학 진학도 마찬가지다. 아이의 적성과 성적을 무시한 채 무조건 대학을 보내야 한다고 생각하는 부모는 별로 없다. 또한 독일 엄마의 자녀교육 목표는 명문대 진학이 아니다. 훌륭한 직업 교육 제도인 아우스빌둥이 존재하고, 대학이 전부가 아니라는 사회적 인식 때문이다. 아우스빌둥은 국민 공통 교육 과정인 10학년을 마치고 시작하는 독일의 직업 교육이다.

그러나 엄마들이 대학 진학에 목을 매지 않는 중요한 첫 번째 이유는 대학 진학이 한국보다 쉽다는 데 있을 수도 있다. 대학 진학이 쉽다는 것은 무엇을 뜻할까. 대학은 독일이 한국보다 많지만 진학률이 80퍼센트를 넘는 한국과 달리 독일은 50퍼센트 정도에 그친다. 입시 경쟁이 그만큼 치열하지 않다는 말이다.

두 번째 이유는 아직까지 명문 대학이 존재하지 않기 때문이다. 독일의 유명 대학은 세계적 명문 대학이기는 하지만 우리가 생각하는 식의 일류 대학은 아니다. 독일의 모든 대학은 신입생 수준에서 약간씩 차이가 날 수는 있지만 졸업생 수준은 비슷하다. 그 때문에 독일에서는 어느 대학을 졸업했느냐보다 학사를 마쳤는지 석사를 마쳤는지가 더 중요하다. 어떤 대학에서 공부하든 일정한 수준에 도달하지 않은 사람이 국가가 인정하는 졸업장을 받을 수는 없기 때문이다.

독일 엄마들이 대학 진학에 목숨 걸지 않는 가장 중요한 세 번째 이유는 남의 아이가 대학을 가기 때문에 내 자식도 보내야 한다고 생각하는 사람이 많지 않기 때문이다. 독일 엄마들은 남과 비교하지 않고 자녀의 개성과 자질을 존중하는 교육 태도에 자부심을 갖는다.

20여 년 전 내가 한국에 살 때는 들어보지 못한 '엄친아'란 말이 있다. 네이버에서 대중문화사전을 찾아보니 '엄친아'는 '엄마 친구 아들'의 줄인 말로, 집안 좋고 성격이 밝은 데다 공부도 잘하고 인물도 훤한, 모든 면에서 뛰어난 젊은이를 의미한다고 한다. 포털 사이트 네이버에 연재한 〈골방환상곡〉이란 웹툰에서 유래했다는 '엄친아'는 엄마들이 아이를 타이르거나 꾸중할 때마다 남과 비교하기 때문에 생긴 말인 것 같다.

자녀교육 중 가장 나쁜 방식이 바로 남과 비교하는 잔소리라고 한다. '엄친아'가 신조어라고는 하지만 내가 어릴 때도 마찬가지였다. "엄마 친구 아들은 이번에 서울대를 갔다더라", 혹은 "이웃집 ㅇㅇ이는 이번에 반에서 1등을 했다더라" 등 예전에는 단지 통용되는 적당한 단어만 없었을 뿐 자녀의 경쟁심을 자극하기 위해 엄마들은 습관처럼 남의 집 아이들과 비교하곤 했다.

개인 차이는 분명 존재하겠지만 대부분의 독일 부모는 남과 비교하는 잔소리를 하지 않는 편이다. 만에 하나 부모가 이웃집 아이와 비교하며 꾸중을 하더라도 독일 아이들은 바로 "나는 나야"라며 받아칠 것이다.

남과의 비교 우위가 아닌 개인의 특성과 개성을 존중하는 독일의 교육과 사회 분위기가 부모나 아이 모두에게 남과 비교하는 일은 무의미하다는 인식을 심어주고 있기 때문이다. 자기 아이의 성적을 왜 이웃집 아이와 비교해야 하는지, 자신의 외모가 왜 남과 비교당해야 하는지 독일인들은 이해하기 힘들 것이다. 그 때문에 대학 역시 아이의 자질과 적성을 고려한 선택일 뿐 필수는 아니다.

중산층 부모가 중요하게 생각하는 자녀교육 4가지

33

처음 독일에 와서 우리가 살던 동네는 중산층 젊은 가족이 선호하는 시내에서 약간 떨어진 아담하고 깨끗한 킨더프로인들리헤 슈타트(kinderfreundliche Stadt)였다. 킨더프로인들리헤 슈타트는 '어린이 친화적 마을'이라는 뜻이다. 아이를 키우는 독일 사람들이 가장 선호하는 동네가 바로 이 킨더프로인들리헤 슈타트다. 그 동네에서 두 아이를 키우며 독일 중산층 부모의 교육열에 대해 많은 경험을 할 수 있었다.

독일 중산층은 경제적 수준은 비슷하지만 학력이나 출신 배경, 직업은 그 어떤 나라보다 다양하다. 중산층 부모들의 자녀교육을 논하기에 앞서 독일 중산층의 구성 요소를 살펴볼 필요가 있다.

"중산층의 기준이 무엇인가?"에 대한 독일 학자들의 대답은 다양하다.

하지만 가장 널리 통용되는 구분 기준은 가계 수입이다. 한 독일 경제연구소(IW)의 발표에 의하면, 중간 소득인 메디안아인콤멘(Medianeinkommen)을 중심으로 80~150퍼센트 사이를 중산층이라고 본다.

여러 요인에 의해 결정되는 메디안아인콤멘은 평균 소득보다 약간 높게 나타난다고 한다. 1인 가계일 경우 메디안아인콤멘은 월소득 1310~2460유로 사이다. 2명의 자녀를 키우는 4인 가정의 경우 월수입 2750~5160유로 사이를 중산층이라고 볼 수 있다. 이렇게 구분할 때 독일의 중산층 비율은 대략 65퍼센트에 이른다.

그런데 특이한 점은 독일 중산층은 학력 분포로 보면 대학을 졸업한 사람보다 직업 교육인 아우스빌둥 출신이 더 많다. 그 때문에 중산층을 구분하는 기준에 대해서는 다양한 견해가 존재하지만, 학력이 중요 변수로 작용하는 경우는 많지 않다.

최근 몇 년간 독일은 대학 진학률이 50퍼센트 정도까지 상승했지만 불과 10여 년 전에는 25~30퍼센트 정도에 그쳤다. 현재 일하고 있는 대부분의 경제 인구는 30퍼센트대의 대학 진학률을 기록할 당시 청년기를 보낸 사람들이다. 그 30퍼센트 역시 모두 졸업을 한 게 아니라, 졸업은 진학의 50퍼센트에 그친다는 사실을 감안할 때 중산층 구분에 학력을 넣기 쉽지 않다는 사실을 알 수 있다. 대학 공부가 어려워 입학은 쉽지만 졸업이 쉽지 않은 나라이기 때문이기도 하고, 적성에 맞지 않는 공부를 계속하는 사람이 상대적으로 많지 않아서일 수도 있다.

또한 대학을 졸업하지 않은 중산층이 많은 현상은 대졸자와 직업 교육인 아우스빌둥 이수자의 임금 격차가 크지 않다는 사실을 반증해주기도 한다. 특히 창업을 한 마이스터나 각 생산 현장의 책임자로 일하는 직업 학교 출신의 마이스터가 대졸자보다 고수입인 경우가 흔하다.

월 총수입을 기준으로 보든 다른 요인으로 보든 독일 중산층은 출신 계층과 학력은 다양하지만 자녀교육에서 주안점을 두는 부분은 비슷하다. 내가 경험한 독일 중산층 부모들의 자녀교육에는 몇 가지 포인트가 있다.

첫째, 학교 교육을 존중한다. 중산층이라고 해서 특별히 비싼 사립 학교를 선호하는 것은 아니다. 물론 독일에도 몬테소리 학교나 발도르프(Walldorf), 가톨릭, 개신교 등 많은 사립 학교가 존재하지만 시의 보조가 확실하기 때문에 학비가 비싸지 않다. 또 발도르프 등 몇몇 비교적 비싼 학비를 요구하는 학교도 부모의 수입에 따라 학비를 차등 부과하기 때문에 개별 학비는 가계에 부담이 될 정도로 크지 않다. 또 개신교나 가톨릭 사립 학교도 기부금조로 자발적 납부를 원칙으로 하는 경우가 많다. 중요한 것은 가계의 부담을 떠안으면서까지 자녀를 비싼 사립 학교에 보내는 중산층이 많지 않다는 사실이다.

아이의 학교를 결정할 때도 성적 좋은 아이들이 많이 다니는 학교보다는 아이의 개성을 존중하는 학교, 또 큰 문제가 없는 한 집 가까운 곳에 있는 공립 학교를 선호한다. 독일에 살면서 좋은 학군이나 학교를 찾아 이사했다는 말은 들어 본 일이 없다.

중요한 것은 시립 학교든 공립 학교든 중산층 부모들의 학교에 대한 신뢰가 대단하다는 점이다. 특별한 경우를 제외하고 사교육에 대한 필요성을 느끼지 않을 만큼 학교 교육에 의지한다. 또한 학교 교육은 교사의 전문 영역임을 인정하고 선생님의 조언에 충실히 따른다.

둘째, 평생 함께할 수 있는 스포츠와 악기 하나 정도는 익숙하게 훈련시킨다. 그렇다고 전문 음악가나 운동 선수를 만들기 위해서는 아니다. 분명 취미 활동을 위한 교육이지만 단순히 취미라고 하기엔 시간과 돈과 엄마의 노력이 다른 어떤 교육보다 큰 부분을 차지하는 것 같아 독일 엄마들의 자녀교육을 이해하는 데 적잖이 시간이 걸렸다.

어떤 부모는 이런 활동을 성적보다 더 중시하기도 해서 나를 놀라게 했다. 담임 선생님은 부모를 불러 아이 성적이 문제니 과외 좀 시키라고 당부해도 아이가 원하지 않는다며 거부하면서 스포츠와 음악 학교는 빠지지 않고 출석시키는 엄마도 보았다.

우리 시각으로는 이해할 수 없는 모습이다. 하지만 독일 중산층에게는 좋은 대학을 나와 그에 걸맞은 임금을 받으며 풍족하게 사는 것도 중요하지만, 그보다 더 우선으로 생각하는 풍요로움이란 지역 사회의 일원으로 타인과 함께 어울려 하모니를 이룰 수 있는 자질을 갖추고 이를 누리면서 사는 삶이다. 그런 삶을 위해 스포츠와 악기는 필수라고 생각하는 것 같다.

또한 그렇게 많은 아이들이 어릴 때부터 중고등학교를 졸업할 때까지, 간혹 대학에 입학하고 나서까지도 음악 학교를 다니지만 천재적 음악가로 성장하는 사람은 극히 드물다는 사실이 음악이나 스포츠를 대하는 이들의 자세가 어떤지 말해준다.

예전에 우리 옆집에 초등학교 1학년, 3학년, 김나지움 6학년에 다니는 딸 셋을 키우는 젊은 가족이 살고 있었다. 엄마와 아빠 모두 직업 학교를 졸업하고 안정된 직장에 근무했는데, 넉넉하지는 않지만 먹고살 만큼의 경제적 여유는 있어 보였다. 부부 두 사람이 맞벌이를 하기 때문에 여유 시간이 없음에도 이들에게 퇴근 후 가장 큰 일과는 아이 셋의 예체능 교육이었다. 초등학교 1학년인 작은아이는 승마를 하면서 음악 학교에 다녔고, 둘째와 첫째는 육상을 하면서 각각 바이올린과 플루트를 배웠다. 말이 악기 하나 스포츠 하나지 아이 셋을 모두 커버해야 하니 부부의 오후 일과가 여간 바쁜 게 아니었다. 그러나 부부는 그러한 일을 자녀교육을 위한 부모의 중요한 책무라고 생각하는 것 같았다.

셋째, 어릴 때부터 공동체의 규율을 중시하도록 가르친다. 남에게 피해를 주지 않는 생활 습관과 예의, 환경 의식을 심어준다. 독일 아이들은 비닐 쇼핑백에 강한 거부감을 갖고 있다. 상점에서 작은 물건 몇 개를 계산할 때 피치 못할 경우가 아니면 대부분 쇼핑백을 거절한다. 부모로부터나 학교에서 환경 교육을 철저히 받았기 때문이다. 이러한 모습은 당연히 환경 의식에서 비롯되었겠지만, 그것보다는 지성인의 기본 자질이라는 인식이 강한 것 같다.

넷째, 자녀에게 책임감을 강조한다. 독일 부모들이 아이들에게 가장 자주하는 얘기는 "네가 알아서 결정해. 그런데 책임도 네가 져야 해"라는 말이다. 초등학교, 1학년, 아니 유치원부터 학교를 졸업할 때까지 부모에게 가장 많이 듣는 말일지도 모른다. 자녀를 최대한 빨리 독립된 성인으로 성장시키기 위해서다.

104명의 노벨상 수상자를 배출한 독일 엄마의 교육법
34

유명한 작곡가이자 가수인 이적 씨 삼형제는 모두 서울대학교를 나왔다고 한다. 텔레비전 인터뷰 때마다 엄마가 자식을 어떻게 가르쳤기에 세 아이 모두 서울대학교를 보낼 수 있었는지에 대해 묻곤 한다. 모두들 부러움과 신기함으로 어머니 박혜란 씨의 교육 노하우에 관심을 보인다.

언젠가 이적 씨는 한 인터뷰에서 "우리 어머니의 특별한 교육법은 공부를 안 시키는 것이었다"란 말로 주변 사람들을 놀라게 했다. 혹자는 이에 대해 "에이, 공연히 하는 말일 거야. 공부를 안 시키고 어떻게 서울대학교를 보낸단 말이야"라며 믿지 않으려 했을 것이다. 한국에 살았더라면 나도 그런 생각을 했겠지만, 오랜 세월 독일 엄마들의 자녀교육 태도를 지켜본 지금은 이 말에 100퍼센트 공감한다. '공부 안 시키는 교육'이 바로 104명의 노벨상 수상자를 배출한 독일 엄마들의 교육법이라고 믿고 있기 때문이다.

독일은 미국과 영국 다음으로 노벨상 수상자를 많이 배출한 나라다. 그런데 얼마든지 학문 선진국임을 자부해도 모자람이 없어 보이는 이 나라의 중고등학교 학업 수준과 학업을 대하는 엄마와 학생의 자세는 내 눈에는 언제나 형편없어 보인다. 한마디로 공부에는 크게 관심 없다.

학생에게 가장 중요한 과업이 공부인지, 취미 생활인지, 사회봉사 활동인지 분간할 수 없는 경우도 있다. '아프리카 어린이 돕기' 프로젝트를 한다고 일주일씩 가방도 없이 빈손으로 설렁설렁 학교와 집을 오간다든지, 학교 진도와 무관하게 휴강을 하면서까지 이루어지는 다양한 교외 활동을 보면서 '도대체 공부는 언제 하는가?'라는 의문이 들 때가 한두 번이 아니었기 때문이다. 수십 년 전이지만 한국의 입시 지옥을 경험한 내게는 적어도 그렇게 보였다.

나는 지금도 우리 아이들이 하루 종일 아무것도 하지 않고 핸드폰을 들여다보면서 소파나 침대 위에서 빈둥거리고 있는 모습을 보면 여전히 불안하고 답답하다. 무엇 때문에 불안한지 구체적으로 나열할 수는 없지만 학생이 도서관에 가기는커녕 책 한번 펼치지 않는다는 사실 자체가 무조건 불안하다.

평범한 학생이라면 공부를 잘하건 못하건 한국에서는 있을 수 없는 일이다. 큰아이 때는 한국적인 고민을 많이 했지만, 작은아이부터는 나도 조금은 변한 것 같다. 요즘은 공부란 말을 입 밖에 꺼내지도 않는다. 그저 건강하게 놀 수 있기만을 기도한다. "제발 나가서 친구를 만나거나 술이라도 마시며 놀아라." 큰아이가 김나지움 다닐 때는 상상도 못했던 이런 잔소리도 가끔 하는 편이다.

나만 그런 게 아니라 독일 엄마들은 아이들에게 습관처럼 나가서 놀라는 말을 많이 한다. 특히 아이가 초등학교나 김나지움 저학년 때는 공부하란 말보다 나가서 놀란 말을 더 자주 하는 것 같다.

독일에 처음 와서 어학원에 다니던 어느 날이었다. 당시 수업을 함께 듣던 우리 반 학생 중 한국인이 3명 있었고 나머지는 스페인, 포르투갈 등 남유럽에서 온 학생과 동유럽의 학생이 섞여 있었다. 그날의 수업 주제는 교육이었다. 함께 어학원에 다니던 한국 학생들은 모두 비슷한 시기에 독일에 온 때문인지 한국에서는 교육이 문제라고 생각했지만 막상 외국에 나와 한국을 이야기하다 보니 단점보다는 장점을 더 많이 부각시키고 싶었던 것 같다.

한국 엄마들의 높은 교육열과 분초를 아끼며 학습에 매진하는 학생들에 대해 얘기하자 모두들 입을 벌리고 놀라워했다. 그때 우리 그룹에서 유일한 독일인이던 선생님이 초등학생도 방과 후에 학원을 다니는 게 보통이고 학원을 다니지 않는 아이는 거리에 나가도 친구가 없을 정도라는 말에 놀라며 자신의 어린 시절 이야기를 들려주었다.

초등학교 시절 그 선생님이 엄마에게 가장 많은 칭찬을 들은 것은 밖에 나가서 뛰어놀았을 때라고 했다. 엄마는 입버릇처럼 밖에 나가서 놀라고 했고, 일주일에 스포츠 클럽에 한 번 가는 것 이외에는 방과 후 할 일이 없었기 때문에 초등학교부터 김나지움 저학년 때까지 오후 내내 골목에서 친구들과 뛰어놀았다고 했다. 그러면서 한국의 교육에 대한 이야기를 들으니 그렇게 놀고 김나지움 다닐 때는 술 먹느라고 정신없이 보냈는데도 대학에서 학생을 가르치는 선생님이 되었다는 사실이 신기하다고 했다.

독일 엄마들은 창의적이고 능동적인 아이로 키우기 위해서는 충분히 즐기고 상상할 수 있는 시간을 주어야 한다고 생각한다. 하루 종일 소파나 침대에서 빈둥거리는 것 같아도 그 안에서 상상력과 창의력이 생겨날 수도 있다는 것이다.

물론 학업에 매진하는 사람보다 성적은 뒤질 수도 있지만, 결코 학교 점수가 훗날 창의적이고 능동적으로 학문을 대하는 자세를 키워주는 것은 아니라는 사실을 독일 교육이 증명한다.

대표적인 예가 바로 피사(PISA) 성적이다. 독일은 OECD가 실시하는 학업 성취도 평가인 피사에서 OECD 국가 중 언제나 평균 정도 수준이다. 그것도 최근의 결과가 그렇지 10여 년 전에는 OECD 국가 중 최하위권에 속했다. 이 최악의 성적표 때문에 '피사 쇼크'라는 신조어가 생겨날 정도로 학문 선진국 독일의 자부심에 큰 상처를 남기기도 했다. 그런데 이렇게 중고등학교에서는 공부 못하는 나라로 유명한 독일이 104명이나 되는 노벨상 수상자를 배출한 힘은 어디에서 나왔을까. 그건 바로 엄마들의 여유 있는 교육 태도에서 비롯되었다고 생각한다.

한국은 피사에서 매번 최상위권을 기록하고 있지만 오늘날까지 학문 분야에서 단 한 명의 노벨상 수상자도 배출하지 못한 불명예를 기록하고 있다. 천문학적으로 투자한 사교육비가 무색할 정도로 말이다. 어릴 때부터 과도한 입시 경쟁에 매몰된 우리네 엄마들의 조급함이 오히려 아이의 능력을 키워주지 못할 뿐 아니라 상상력과 창의력을 싹부터 잘라버리는 것은 아닌지. 나 스스로 먼저 반성해야 할 것 같다.

독일 엄마에게
선물과 촌지의 경계는?
35

'선생님을 무시하네?'

처음 아이를 학교에 보냈을 때 교사를 대하는 독일 학부모들로부터 느낀 나의 첫 번째 인상이었다. 얼마 지나지 않아 바로 깨진 편견이지만, 한동안은 이 나라에서 내 아이를 맡긴 교사에게 학부모로서 어떻게 처신해야 하는지 내게는 고민거리 중 하나였다.

성인이 되어 결혼까지 하고 나서 독일에 정착하다 보니 이 나라에 대해 정확하고 상세한 정보를 접하는 게 쉽지 않았다. 아이가 초등학교에 입학하기 전까지는 아이의 유치원 친구들을 통해 독일 가정이나 문화를 약간씩 엿보는 정도였다.

그러다 아이가 초등학교에 입학하면서 친구 관계뿐만 아니라 독일 사회의 다양한 모습에 적응해야 했고, 그런 과정을 통해 자연스럽게 경험의 폭도 넓어지기 시작했다.

아이를 독일 학교에 보내게 되었지만 한국의 학교 문화에 익숙한 내 상식으로는 학부모들이 자신의 아이를 맡긴 교사를 너무 홀대하는 것 같다는 느낌을 받았다. 선생님을 찾아가 잘 부탁한다고 인사 한 번 하는 사람이 없고, 스승의 날에 작은 선물이라도 아이에게 쥐어 보내는 부모조차 찾아볼 수 없었다.

'이 사람들은 정말 냉정하구나. 교사를 자신의 아이를 가르치는 직업인으로밖에 안 보는 모양이야. 매정한 사람들 같으니라고.'

나의 이런 편견은 아이가 초등학교에 입학하고 얼마 지나지 않아 바로 없어졌다. 선생님을 무시하는 게 아니라 아무리 작은 선물이라도 뇌물이 될 수 있기에 자제한다는 것을 깨달았기 때문이다.

독일에서 아이를 학교에 보내면 초등학교는 물론 김나지움을 졸업할 때까지 스승의 날이나 선생님 생일, 졸업식까지 선생님을 위해 어떤 선물을 준비해야 할지 고민할 필요가 없다. 또한 아이에게 특별한 사건 사고나 문제가 없는 한 찾아가서 따로 인사할 필요도 없다. 학기마다 학부모 면담 기간이 있지만 선생님들은 문제가 없는 사람은 제발 찾아오지 말아달라고 부모에게 부탁까지 한다. 그런 사람이 많으면 정작 면담이 필요한 학생한테 할애할 시간이 부족해지기 때문이다.

어떤 작은 선물이건 단체가 아닌 개인이 교사에게 한다는 것은 '우리 아이를 잘 봐달라' 혹은 '선생님 저 잘 봐주세요'라는 대가성을 전제하고 있다고 판단해 법적으로 허용하는 작은 선물일지라도 따로 하는 사람은 없는 것 같다.

교사에게 주는 선물과 촌지의 의미는 시점에 따라 다르게 구분한다. 시험이 끝나지도 않았는데 개별 학생이 교사에게 선물하는 행위는 촌지나 뇌물로 간주한다. 하지만 시험이 끝난 후 감사를 표시하는 작은 성의는 선물로 볼 수 있다. 법적으로 엄격하게 정해져 있지는 않지만 독일에는 이 정도의 사회적 공감대가 형성되어 있다.

독일 학교의 촌지는 철저히 근절되었기 때문에 더 이상 관심의 대상이 아니다. 그러나 교사가 어느 정도의 선물을 받을 수 있는지에 대한 논쟁은 간간이 벌어진다. 독일 학생들은 보통 학기나 학년이 끝나고 선생님과 작별하는 종강 파티 때 감사의 의미로 교사에게 선물을 하곤 한다. 그러나 이때도 개인적으로 하는 사람은 거의 없고 학생들이 십시일반 모아서 함께 작은 선물을 준비한다.

그런데 이 선물의 한도액이 자주 도마 위에 오른다. 독일 교사의 촌지에 관한 규율은 일반 공무원의 뇌물 규정에 준하기 때문에 주에 따라 약간씩 차이가 나지만 보통 한도 금액이 정해져 있다.

몇 해 전 베를린 주의 한 여교사가 종강 파티에서 김나지움 10학년 학생들로부터 198유로 상당의 감사 선물을 받은 것이 적발되어 4000유로의 벌금을 물었다. 그것도 개인적 선물이 아니라 학생들이 10유로(약 12000원 정도)씩 내서 산 것이었다. 아마 학생들로부터 상당히 존경받는 선생님이었던 것 같다. 독일에서 선생님 선물을 위해 한 학생이 10유로씩 내는 일은 아주 드물다. 내 경험으로 담임 선생님을 위한 선물은 보통 한 사람당 1유로(1200원) 정도를 부담하는 게 고작이었다.

위의 사례처럼 학생들은 부모와 상의 없이 자발적으로 선물을 결정했던 것 같다. 부모가 참여했더라면 상황이 달라졌을 수도 있다. 부모들은 분명 교사가 198유로짜리 선물을 받으면 뇌물로 간주될 위험이 있다는 사실을 아이들에게 주지시켰을 것이다. 베를린 주 공무원법은 민원인을 상대로 10유로 이상의 선물을 받지 못하도록 규정하고 있다. 그런데 이미 아이들은 선생님에게 선물을 했고, 이 사실을 안 한 학부모가 주 교육부에 제보를 했던 것이다.

그런데 제보한 학생의 아버지는 그 자신이 초등학교 교장이었다. 그는 교직에 몸담고 있기에 더욱 눈감고 넘어갈 수 없었다고 했다. 독일 교직 사회의 강직성과 청렴성을 보여주는 일례이기도 하다.

촌지에 관한 독일 공무원법은 주마다 약간씩의 차이가 있다. 베를린은 10유로지만 노르트라인베스트팔렌 주는 25유로가 상한선이다. 이에 반해 바덴뷔텐베르크 주는 정확한 상한선이 없고 공무원 촌지에 관한 규정에 사회적으로 거부감 없는 정도의 작은 선물은 허용한다고 명시되어 있다. 보통 독일 사회에서 통용되는 작은 선물의 가치는 5유로 정도이기 때문에 그에 준한다고 볼 수 있다.

한편 바이에른 주는 공무원이 받을 수 있는 선물의 상한선을 가치가 경미한 작은 선물(geringwertigen Aufmerksamkeiten)로 규정해놓았다. 바이에른 주는 이처럼 법적으로 정확한 금액을 밝혀두지는 않았지만 작은 선물의 상한선은 5유로 정도라는 사회적인 공감대가 있다. 그러므로 5.5유로짜리 초콜릿을 선물로 받았다고 해서 문제가 되는 것은 아니라는 의미로 볼 수도 있다. 그러나 이 주 역시 정확한 상한선은 어느 정도냐는 해석이 분분해 간혹 문제가 되기도 한다.

법적으로는 이렇게 규정해놓았지만 실제 현장에서는 칼로 무 자르듯 정확히 지켜지지 않는다는 것도 독일인이라면 모두가 알고 있다. 학기가 끝나고 선생님에게 감사의 선물을 준비하기 위해 한 학생당 1유로씩만 모아도 보통 한 학급에 30명이면 30유로 정도 되기 때문이다. 특별히 누군가가 선물을 문제 삼지 않는 한 고발 조치되는 경우는 극히 드물고, 또 선물에 영수증을 동봉하지 않는 한 얼마간의 차이는 해석하기 나름이다.

아이의 교육은 전적으로 학교와 교사에게 맡기는 독일 엄마
36

독일은 학교 교육 없는 교육 행위를 허용하지 않는다. 선진 민주주의 국가들 중에서 흔치 않은 교육 제도를 고집하고 있는 나라다. 모든 국민이 사회의 구성원으로서 이웃과 협력하고 원만하게 적응하기 위해서는 학교 교육이 필수라고 법에 규정하고 홈스쿨링을 금지한다.

당연히 학교의 위상이 그 어떤 나라보다 높고 독일 엄마들의 학교와 교사에 대한 신뢰도 또한 대단하다. 교사의 막강한 교권과 이에 대한 부모의 신뢰가 절대적으로 요구되는 가장 대표적인 시기는 초등학교 4학년 때다.

독일 초등학교는 4학년에 끝나고 5학년부터는 중고등학교가 시작된다. 독일 중고등학교는 한국처럼 중학교와 고등학교가 분리되어 있지 않고 두 단계를 하나로 묶어 8년제 인문계 학교인 김나지움과 6년제 실업계 학교인 레알슐레로 나뉜다.

그 때문에 초등학교 과정이 끝나는 4학년이면 이미 대학 진학을 결정해야만 한다. 자연히 4학년 때는 학생과 부모가 진학 상담 때문에 담임 선생님을 만날 일도 자주 있다. 독일도 한국과 마찬가지로 성적이 어느 정도 나오고 부모나 교사가 보았을 때 공부에 적성이 맞는다고 판단되는 아이들은 대부분 김나지움에 진학한다. 독일이라고 해서 사람들이 대학보다 직업의 길을 선호하는 것은 아니다. 그러나 이런 경향을 우리와 같은 시각과 가치 기준으로 판단해서는 안 된다.

김나지움과 레알슐레로의 진학을 결정하는 중요한 시기인 초등학교 4학년 때 담임 교사의 판단은 아이의 장래에 결정적 역할을 할 정도로 중요하다. 독일에서는 초등학교 동안 담임 교사가 교체되지 않는다. 따라서 4년간 가르친 교사가 아이에 대해 가장 잘 안다고 할 수 있다. 물론 성적에 근거해 진학 여부를 결정하는 것이 원칙이기는 하지만 경우에 따라서는 교사의 주관적 판단이 개입될 수도 있다.

큰아이가 4학년 때 있었던 일이다.

큰아이와 같은 반에 터키 출신 이민 가정의 아민이라는 친구가 있었다. 아이들끼리는 친했지만 친구 엄마가 독일어 소통이 원활하지 않아 만날 때마다 가벼운 인사 정도만 나눌 뿐 엄마들끼리 서로 친해지기 어려웠다.

아민은 공부를 아주 잘하지는 않았지만 중간 정도의 성적을 유지하고 있어 무난히 김나지움에 갈 수 있을 거라고 생각했다. 그런데 담임 선생님이 의외로 학부모 진학 상담을 통해 김나지움보다 레알슐레에 진학하는 것이 아민에게는 맞을 것 같다며 부모를 설득했다고 한다. 바로 이전 시간에 상담했던 비슷한 성적의 아이 엄마에게는 김나지움 진학에 문제가 없다고 말해놓고 아민은 레알슐레에 진학시키는 게 어떠냐고 물은 것이다.

아민의 엄마는 상담 후 자신의 아이가 외국인이기 때문에 차별을 받는 거라며 어눌한 독일어로 떠듬떠듬 불만을 털어놓았다. 그녀는 흥분한 기색이 역력했다. 상담 내내 절대 레알슐레를 보내지 않겠다고 우기며 선생님과 심하게 언쟁까지 했다고 했다. 결국 부모가 끝까지 고집해서 아민은 김나지움에 진학할 수 있었다. 김나지움에 진학하는 데 성적이 턱없이 부족한 것은 아니었기 때문에 선생님도 부모에게 조언만 했을 뿐 함부로 결정을 내리지는 않았던 것 같다.

나 또한 이해할 수 없는 상황이었다. 왜 성적이 같은 두 아이를 다르게 평가했을까? 선생님은 정말 외국인을 차별해서 그랬던 것일까? 여러 가지 풀리지 않는 의문을 갖고 있던 어느 날, 우연히 선생님과 이야기할 기회가 있어 "왜 성적이 같은 두 아이를 다르게 평가해서 상급 학교에 추천했느냐"고 물어보았다. 아민 엄마는 자기 아이가 외국인이기 때문에 차별받은 것이라고 오해했다는 이야기도 전해주었다.

그런데 뜻밖에도 선생님은 아민이 외국인이기 때문에 레알슐레를 추천했다고 말했다. 생각하지 않은 의외의 대답이었지만 자초지종을 듣고 보니 수긍이 가기도 했다. 김나지움에 진학해서 공부하기에 충분할 정도로 성적이 좋은 학생이라면 모를까, 김나지움에 보내기에는 약간 부족하고 레알슐레에 가기에는 좀 억울할 것 같은 학생은 성적과 함께 수업 태도나 성격, 때에 따라서는 학부모의 능력이나 지식 정도까지 고려해 추천하기도 한다는 얘기였다.

요컨대 김나지움에서 공부하는 아이들 부모가 충분히 뒷받침해줄 수 있는지 여부도 고려한다는 것이었다. 그것도 교사의 개인적 판단에 의해서 말이다. 내게는 정말 놀라운 이야기였다. 아민 엄마가 만약 이 이야기를 들었다면 불같이 화를 냈을지도 모른다.

그러나 선생님의 말을 들으니 의외로 독일 부모들은 교사의 조언을 진지하게 받아들이고 큰 저항 없이 담임이 추천하는 대로 상급 학교를 결정하는 경우가 많다고 한다. 아이가 김나지움에 가서 공부를 따라가려면 스트레스를 받을 것이라는 말에 대부분의 엄마들은 교사의 진학 지도에 이견을 보이지 않는다는 것이다.

나와 알고 지내는 독일 엄마들의 소원은 자식을 성공한 사람으로 키우는 게 아니라 행복한 사람으로 살게 하는 것이다. 그들의 이런 성향만 보더라도 독일 엄마들이 선생님의 진학 지도를 순수하게 받아들이는 이유를 알 수 있을 것 같다.

우리는 내 자식이 행복한 아이가 되기를 원하지만 그렇게 키우지 못하는 교육 현실을 비관한다. 그런데 그 교육 현실이라는 것도 사실은 우리의 지나친 욕심이 빚어낸 것일지 모른다. 내 자식만큼은 뒤지지 않아야 한다는 엄마들의 욕심 때문에 점점 한국의 교육 현실이 팍팍해지고 있는 것 아닐까.

경쟁이 적은 독일의 교육 현실을 만들어낸 힘은 소박한 행복을 지향하는 부모들의 선택에서 나오는 것 같다. 자식에 대한 꿈도, 스스로에 대한 꿈도 원대하지 않기 때문인지 이들의 행복은 바로 안분지족한 삶 자체라는 생각이 든다. 또한 아이를 학교에 보내기 시작하면 교육에 관한 한 전적으로 학교와 교사를 믿고 맡긴다. 이러한 믿음이 없다면 아이의 미래를 교사의 주관적 판단으로 좌우할 수도 있는 독일 교육 시스템은 작동하지 못할 것이다.

독일의 사교육은 보충 학습이 필요한 아이들이 한다

37

레오는 김나지움 5학년이다. 초등학교 4년 동안 중상위권 성적을 유지했기 때문에 큰 문제없이 김나지움에 진학할 수 있었다. 그러나 김나지움에 진학하고 얼마 지나지 않아서부터 수학 때문에 심한 스트레스를 받기 시작했고, 점점 수학에 대한 자신감까지 상실해가고 있다.

영어 3점, 독일어 3점, 수학 4점. 5학년 1학기 성적표를 받아든 레오는 울상이 되었다. 낙제 위기에 처할 수도 있는 5점이 바로 눈앞에 다가왔기 때문이다. 1점부터 6점까지 6단계로 나뉘는 독일 학교의 점수 체계는 1점이 가장 높고 6점이 가장 낮은 절대 평가가 기본이다.

레오 엄마는 수학 선생님으로부터 학부모 면담을 신청하라는 편지를 받았다. 학교에서 온 편지를 받자마자 레오 엄마는 봉투를 뜯어보기도 전에 가슴부터 철렁 내려앉았다. 독일 학교는 유급이나 사고 등 학생에게 특별한 일이 없는 한 학교에서 부모에게 편지를 보내는 일이 거의 없기 때문이다. 특히 교사가 개별 면담까지 신청하는 것은 사태가 매우 심각하다는 뜻이다.

레오 엄마는 그 후 선생님을 만났고, 레오가 수학 성적이 더 떨어져서 5점이 되면 유급할 수도 있다는 충격적인 이야기를 들었다. 지금까지 사교육 한 번 받아보지 않고 중상위권을 유지해온 아이가 유급이라니. 도저히 믿을 수 없는 일이 발생한 것이다.

선생님은 레오 엄마에게 사교육인 나흐힐페(Nachhilfe)를 알아보라고 권하면서, 원한다면 동료 교사나 레오의 같은 학교 고학년 학생 중에 물색해 보겠다고 약속했다. 독일에서는 교사도 자신이 직접 수업을 담당하지 않는 학생에게 나흐힐페를 제공할 수 있기 때문에 고비용을 감수한다면 현직 교사로부터 가장 높은 수준의 사교육을 받을 수 있다.

레오 엄마는 교사보다는 비용 면에서 저렴한 나흐힐페 프로그램과 레오의 학교 선배를 비교해본 후 선생님으로부터 같은 학교 11학년 학생을 소개받았다. 레오는 방학이 끝나고 다음 학기가 시작되면 나흐힐페를 시작하기로 했다. 수학 성적이 3점 이상이 될 때까지 일주일에 1시간 30분씩 방과 후 수학 과외를 받기로 엄마와 약속한 것이다.

레오는 독일에서 사교육을 시작하는 학생들의 가장 흔한 예다. 독일 엄마들은 자녀 양육비를 계산할 때 선행 학습이나 보충 학습을 위한 사교육비를 처음부터 고려하지 않는다. 학교 교육으로는 부족하다고 생각하는 스포츠나 악기 등 취미 활동을 위한 사교육비 부담은 필수라고 생각하지만 학습에 관해서는 전혀 다른 생각을 갖고 있다.

몇 년 전 한국 텔레비전 다큐멘터리 취재팀과 독일 초등학교를 방문했을 때 우연히 학부모 회의를 참관할 수 있었다. 그날 만났던 몇 명의 1학년 학부모들에게 "독일 사교육인 나흐힐페를 생각해본 적 있느냐?"는 질문을 했다. "사교육이라니요? 학교에 다니는 동안 그런 일은 없어야지요. 이제 겨우 1학년인데 우리 아이가 앞으로 나흐힐페를 받게 된다는 사실은 상상도 하기 싫어요." 엄마들의 대답은 대부분 비슷했다.

이 말은 이제 막 학교에 발을 들여놓은 자신의 아이가 미래에 유급 위기에 처할 정도로 성적이 떨어진다는 사실을 상상조차 하고 싶지 않다는 뜻이다. 독일 부모들은 나흐힐페를 학교 공부를 따라갈 수 없을 정도로 성적이 심각하게 떨어진 학생들에게만 해당하는 보충 학습으로 생각하기 때문이다.

'사교육 없는 독일'이란 말은 한국에 비해 사교육이 미미하다는 점을 강조하기 위한 은유적 표현이다. 독일도 엄연히 사교육이 존재하고 국가적으로도 사교육 시장이 성장하지 못하도록 제도권 교육의 빈틈을 보강하기 위해 노력하고 있다.

그러나 독일의 사교육 문제는 한국의 그것과는 전혀 차원이 다른 고민이다. 최근 베르텔스만 재단이 시행한 독일 사교육 실태에 관한 연구 보고에 의하면, 연간 30조 원을 상회하는 한국의 사교육비와 비교했을 때 독일은 연간 879밀리언유로(1조 672억 원)를 사교육비로 지출하고 있다.

또한 6세부터 16세까지 독일 학생 중 14퍼센트가 사교육을 받고 있는 것으로 나타났다. 한 학급의 정원을 35명으로 가정했을 때 평균 5명 정도의 학생이 레오와 비슷한 이유로 사교육을 받는 것으로 추정할 수 있다.

베르텔스만 재단에 의하면 초등학생의 경우 상급 학교에 진학하는 4학년 때 나흐힐페를 가장 많이 받는다고 한다. 독일의 많은 주들은 초등학교 4학년이 끝나면 김나지움과 레알슐레로 진학하는 교육 제도를 채택하고 있다. 4학년 성적은 고학년 진학을 결정하는 중요한 요소이기 때문에 김나지움 진학을 원하지만 성적이 부족한 학생들은 사교육의 도움을 받는 경우도 있다.

그런데 그 비율을 보면 초등학교 4학년 학생의 5퍼센트밖에 되지 않는다. 역시 초등학교 4학년 한 학급의 정원을 35으로 가정했을 때 평균 5퍼센트, 곧 2명도 채 안 되는 학생이 사교육을 받고 있는 것이다. 독일에서 왜 사교육 문제가 담론으로 등장하는지 이해할 수 없을 정도로 미미한 수준이다.

그럼에도 불구하고 교육계는 개별 학생의 수준을 파악해 적절한 대비책을 마련하지 못하고 초등학교부터 사교육에 의지하게 만든 독일 교육의 허점을 성토한다. 교육의 기회 균등이 사교육을 통해 무너져서는 안 된다는 것이다. 또한 학교가 제 역할을 다하고 있지 못한 결과라고 지적하며, 방과 후 학습이나 개별 학생의 학습 향상 프로그램을 적극 개발하고 육성하는 것만이 해답이라고 주장한다.

실제로 독일에서 사교육을 받고 있는 학생 중 68퍼센트만이 부모가 직접 비용을 부담하고 나머지 32퍼센트는 학교의 방과 후 프로그램이나 공공기관이 운영하는 학원에서 무료로 공부한다. 결론적으로 독일에서 실제로 사교육비를 지불하는 부모는 10퍼센트 정도밖에 되지 않는다고 볼 수 있다.

　독일 학생들이 사교육을 받는 이유는 대부분 레오와 같은 경우다. 나흐힐페를 받는 학생의 가장 많은 점수 분포는 4점부터 6점까지다. 우리의 과거 절대 평가 방식인 수우미양가로 치면 4점부터 6점까지는 '양'에서 '가' 사이의 수준이다.

　게다가 지속적으로 사교육에 의지하는 경우는 많지 않다. 대부분의 학생은 성적을 원상 회복할 때까지 단기간만 나흐힐페의 도움을 받는다. 1등을 하기 위해서, 혹은 우수한 학생이 더 잘하기 위해 사교육을 받는 예는 거의 없다. 간혹 성적이 우수한 학생에게 나흐힐페를 시키는 극성 부모가 있을 수도 있지만, 이 경우는 매우 예외적이어서 사회 문제로 거론되지도 않는다. 이처럼 독일에서 사교육의 의미는 예나 지금이나 성적이 부진한 학생, 그것도 유급 위기에 처한 학생을 구제하기 위한 응급 처방이다.

대학 진학보다
직업 학교를 권하는 독일 엄마
38

작은아이가 초등학교 4학년 진학 상담 시기에 있었던 일이다. 카타리나는 작은아이와 친하게 지내던 친구였다. 우연히 진학 상담을 함께 받은 카타리나 엄마와 나는 아이들을 데리고 아이스크림 가게를 찾았다. 우리의 대화는 자연스럽게 그날 있었던 상담에 관한 이야기로 이어졌다.

카타리나의 성적은 반에서 중간 정도였고, 인문계 중고등학교인 김나지움에 무난히 들어갈 수 있었다. 그런데 카타리나 엄마는 놀랍게도 아이가 실업계 학교인 레알슐레에 가기로 결정했다고 했다.

"우리 카타리나는 레알슐레에 진학하기로 했어요."

"네? 선생님이 김나지움은 안 된다고 하셨나요?"

"아뇨. 선생님은 김나지움에 갈 수 있다고 했지만 내가 레알슐레를 보내는 게 좋겠다고 말했어요. 그랬더니 선생님도 찬성하시더라고요."

"왜 그런 결정을 했나요? 카타리나는 공부를 못하는 아이도 아니잖아요."

"선생님도 성적은 문제가 없다고 했어요. 그런데 엄마가 아이를 가장 잘 알잖아요. 카타리나는 공부에 대한 스트레스가 너무 많은 것 같아요. 지금은 엄마의 도움으로 그나마 중간 정도 성적을 유지할 수 있지만, 김나지움에 진학하면 엄마 도움 없이 혼자 해야 하고, 또 레알슐레보다 더 많이 공부해야 하는데 정신적으로 아이가 감당할 수 있을지 걱정 되거든요. 아이 아빠와 오랜 고민 끝에 레알슐레가 카타리나에게 더 맞을 수 있다는 결정을 했어요."

"지금 아이가 초등학교 4학년밖에 안 되었는데 앞으로의 일을 어떻게 단정 지을 수 있죠? 의외로 적응을 잘할 수도 있잖아요."

"그럼 레알슐레에 다니다가 김나지움으로 옮기면 되죠. 그렇게 된다면 기쁜 일이죠. 아이가 소질도 없는 공부를 하느라 스트레스 받는 것보다 잘할 수 있다는 확신이 섰을 때 스스로 선택하는 것도 늦지 않다고 생각해요."

카타리나는 처음엔 친한 친구들이 모두 김나지움에 진학하기 때문에 그 애들과 헤어진다는 섭섭함에 망설였다고 한다. 하지만 엄마의 설득으로 레알슐레에 가기로 마음을 굳혔다고 했다.

지금 우리 작은아이는 김나지움 12학년이다. 그로부터 8년이 지난 것이다. 최근 슈퍼마켓에서 카타리나 엄마를 우연히 만났다. 카타리나는 레알슐레 10학년을 마치고 작년부터 은행에서 직업 교육인 아우스빌둥을 시작했다고 한다. 아마 레알슐레에서 공부를 아주 잘했던 것 같다. 은행 아우스빌둥은 레알슐레에서도 상위권 학생들에게 기회가 주어지는 직업 교육 과정이기 때문이다.

엄마의 말을 들어보니 카타리나가 원했다면 김나지움으로 얼마든지 옮길 수 있었다. 그러나 대학보다는 직업 교육 과정인 아우스빌둥을 선택했기 때문에 레알슐레를 졸업했다고 한다.

과연 초등학교 4학년에 대학 진학을 결정할 수 있는지에 대해 독일 내에서도 찬반 논쟁은 간간이 일어난다. 독일 교육은 연방이 아닌 16개 주가 자체적으로 주관하기 때문에 교육 제도 또한 주별로 약간씩 차이가 있다. 초등학교도 베를린 등 몇몇 주는 6년제를 채택하고 있지만 초등학교 때 진로를 결정하는 것은 너무 이르다는 주장은 별반 다르지 않다.

조기 진로 결정에 대한 문제는 지난 수십 년 동안 끊임없이 제기되어온 해묵은 논쟁이지만, 여전히 독일 교육 제도의 한 부분이다. 이처럼 계속된 지적에도 불구하고 변화의 기미가 보이지 않는 이유를 나는 시민 사회가 조기 진로 결정을 큰 문제로 인식하지 않고 있기 때문이라고 생각한다. 소규모 논쟁은 일어나고 있지만 제도를 바꿀 만큼의 큰 동력을 만들어내지 못하는 것은 부모들이 조기 진로 결정이 자녀교육에 크게 부정적 요인으로 작용하지 않는다고 여기기 때문이다.

내가 만난 독일 엄마들은 카타리나 엄마처럼 대학 진학을 필수로 생각하지 않는 경우가 의외로 많았다. 초등학교 4학년에 진로를 결정하는 교육 제도는 문제가 많아 보이지만, 그럼에도 불구하고 지속되는 이유는 독일 엄마들의 열린 생각이 이러한 교육 제도를 허용하고 있기 때문이다.

독일 엄마들이 하는 자식 걱정은 학교 성적보다 건강한 신체와 정신, 원만한 교우 관계다. 내가 만난 대부분의 독일 부모와 교사들은 아이의 적성과 소질이 진로를 결정하는 가장 중요한 판단 기준이었다. 부모가 원하는 방향과 아이의 적성이 상충되었을 때 부모 생각대로 아이를 끌고 가기 위해 억지로 노력하지 않는다. 초등학교 4학년을 졸업하고 김나지움에 진학하는 일이 가장 이상적이라고 생각하지만, 아이가 지나치게 학습에 스트레스를 많이 받는다든지 특별한 재능이 있다고 판단되면 다른 결정을 할 수도 있는 사람들이 바로 독일 엄마들이다.

'학군 좋은 동네'라는 말이 없는 독일

39

독일에 처음 왔을 때는 가끔 유학생 가정의 한국 엄마들과 만날 기회가 있었다. 엄마들이다 보니 공통적인 화제는 언제나 교육으로 연결되었고, 나 역시 이것저것 독일 교육에 대해 궁금한 것들이 많았던 것 같다.

이 사람들은 아이를 어떤 학교에 보내기 위해 노력하는지, 혹은 공부는 어떻게 시키는지, 아이들이 많이 받는 사교육은 무엇인지. 아는 독일 사람이 없으니 한국 엄마들에게 이것저것 물어보며 독일 교육에 관한 정보를 얻으려고 노력했다. 그런데 이해할 수 없었던 것은 그 후 세월이 지나 자주 만나던 독일 엄마들보다 독일에 몇 년 살지 않은 한국 엄마들이 교육에 대한 정보는 더 많았다는 사실이다.

독일 엄마들은 대체적으로 교육에 대한 정보에는 둔하다. 또 스스로 경쟁을 멀리 하는 교육에 익숙해서인지 남과의 경쟁에 민감하지 않다. 이웃집 아이가 내 아이보다 공부를 잘한다고 해서 자기 아이 성적을 올려보려 무엇인가를 해야 한다고 생각하지 않는다.

독일 부모들은 아이들이 초등학교 4학년이 되면 진로에 대한 고민을 시작한다. 당시 내가 주변 한국 사람들에게 얻어들은 상급 학교에 대한 정보는 주로 어떤 김나지움은 부자들이 다닌다더라, 혹은 어떤 김나지움은 성적이 좋은 아이들만 들어갈 수 있다더라는 등 대부분 한국식 시각에서 김나지움을 줄 세우는 정보였다.

아이들이 어릴 때 살던 곳은 젊은 중산층 가족이 군락을 이룬 동네였다. 오래된 구옥에는 노인들이 살기도 했지만 대부분 젊은 부부가 부모에게 물려받은 후 깨끗이 수리해 살거나 새집을 지어 이사 오는 가족도 많았다.

중산층이 모여 사는 동네여서인지 학부모들의 학력 수준도 높았다. 대학을 나와 전문직에 종사하는 사람도 있고 대학을 나오진 않았어도 마이스터 등 자기 분야에서 확실한 기반을 가지고 있는 사람이 많았다.

여하튼 부모의 학력이나 생활 수준에 따라 자녀교육에 대한 관심도 높은 것은 독일이나 한국이나 비슷하다. 이 동네에 살던 부모들도 나름 독일에서는 교육열이 높았다. 그런데 독일 부모의 교육열은 내가 생각했던 그것과 많이 달랐다.

좋은 학교와 그렇지 않은 학교에 대한 독일 엄마들의 판단 기준은 아이의 특성과 적성에 얼마나 적합한지에 달려 있다. 실업 학교인 레알슐레는 선택의 폭이 넓지 않기 때문인지 대부분 집에서 가까운 학교에 진학했다. 김나지움은 선택의 폭도 넓고 학교마다 특성이 다양하기 때문에 종교적인 부분이나 언어적인 부분을 고려해 진로를 결정하기도 한다. 선택의 기회는 많고 폭도 다양하지만 당시 우리 아이 반에서 가장 인기 있는 김나지움은 집에서 가까운 학교였다.

크리스티안은 아이들이 어릴 때부터 다니던 소아과 의사 부부의 아들이었다. 초등학교 4년 동안 같은 반은 아니지만 같은 학년인 데다 한 동네에 살아 자연스럽게 친구가 되었다. 크리스티안의 부모는 부부 모두 의사이고 당시만 해도 동네에서 하나밖에 없던 소아과를 운영하고 있었다. 동네에 소아과가 하나밖에 없다 보니 온 동네 아이들이 드나들었고, 크리스티안 엄마는 동네 아이들의 소식을 가장 먼저 알고 있는 소식통이기도 했다.

또 병원이 우리 집 바로 옆에 있었기 때문에 수시로 인사하고 지내는 사이였다. 크리스티안네는 큰 건물을 구입해 아래층은 병원으로, 위층은 살림집으로 사용했다. 그 동네에 처음 이사했을 때 이것저것 적지 않은 도움을 받기도 한 우리에게는 고마운 이웃이었다.

큰아이가 4학년 때는 인사할 때마다 학교 이야기를 자주 했다. 어느 날 크리스티안 엄마가 궁금했는지 먼저 우리 아이의 진로에 대해 물었다.

"그 댁 아이는 김나지움 정했어요?"

"네, 외국어 김나지움에 가려고요."

"그 학교는 여기서 좀 먼데 한동안 고생 좀 하겠네요."

"그러게 말이에요. 어쩌면 한국으로 돌아갈 수도 있어 영어 외국어 김나지움에 보내는 게 좋을 것 같아서 거기로 정했어요. 크리스티안은 어떤 학교로 정했나요?"

"우리 아이는 이 동네에 있는 김나지움에 가기로 했어요."

"아, 그랬군요. 종교가 가톨릭이라서 가톨릭 학교에 가는 줄 알았는데 의외네요."

"가까이 있었다면 그 학교로 갔겠죠. 근데 거긴 너무 멀어요. 크리스티안은 자전거로 통학하려고 해요. 너무 멀면 시간도 많이 걸리고 위험하잖아요. 뭐니 뭐니 해도 학교는 가까운 데가 최고죠."

"그래도 좀 멀더라도 좋은 학교를 선택하는 게 아이의 친구 관계나 미래를 위해 좋지 않을까요?"

"좋은 학교, 나쁜 학교가 어디 있어요. 옛날에나 그랬지 요즘 독일 학교는 거기서 거기예요. 특별히 나쁜 학교는 없어요. 다니는 아이들의 형편이 동네에 따라 약간씩 다르기는 하지만, 친구 관계는 자기 하기 나름 아니겠어요? 크리스티안은 자기가 선택한 학교에 아주 만족하고 있어요. 나도 만족하고요."

크리스티안 엄마의 말대로 우리 아이가 진학한 외국어 김나지움은 집에서 상당히 멀었다. 큰아이가 김나지움에 진학하고 얼마 지나지 않아 우리는 학교 가까운 동네로 이사했다. 지금이야 우리도 집을 사서 한곳에 정착했지만 당시만 해도 세를 얻어 살았기 때문에 이사 결정도 쉬웠던 것 같다.

우리가 아이 학교 때문에 이사한다고 하자 가까운 이웃들은 놀랍다며 한마디씩 했다. "차라리 학교를 집 옆으로 옮기지 그러냐"며 이해할 수 없다는 표정을 짓기도 했다.

둘째가 김나지움에 진학할 때는 나도 독일 엄마들과 똑같은 생각을 하게 되었지만, 당시만 해도 독일 교육에 대한 경험과 이해가 부족했기 때문에 여전히 한국식 사고에서 벗어나지 못했다.

The Power of German Mother

5부
특별한 독일식 교육 문화가 강한 나라를 만든다

　　　　　　　　⋯⋯⋯

한국에서 교육받은 부모가 독일 학교에 자녀를 보낼 때 가장 새로운 부분은 현실과 밀접한 교육일 것이다. 지식을 책 속에만 머물러 있게 하지 않고 실생활과 접목시키는 데 교육의 많은 부분을 할애하고 있다는 점이 한국과 많이 다르다. 그러나 이런 독일에서도 생활에 실질적 도움을 줄 수 없는 학교 교육이 과연 올바른 교육인가에 관한 논의가 끊이지 않고 있다.

소비를
독립 과목으로 배운다
40

합리적이고 경제적인 소비. 언어적 의미로는 무리 없이 전달되는 것 같지만 합리적이고 경제적인 소비를 하고 있는지 질문한다면 정확한 답변을 할 수 있을까.

건전한 소비는 그 사회의 성숙도를 보여주는 척도이기도 하다. 합리적이고 경제적인 소비는 개인은 물론 사회적 차원에서도 생산 활동을 촉진해 경제를 활성화시킬 수 있기 때문에 중요하다. 그러나 현대와 같은 소비 사회에서 텔레비전이나 인터넷 매체 등을 통해 쏟아져 나오는 광고의 홍수 속에서 합리적 소비를 선택하기란 쉽지 않다. 그렇다면 소비자는 어떤 지식을 갖추고 있어야 광고의 유혹에서 벗어나 합리적 소비를 선택할 수 있을까?

독일은 합리적 소비 능력을 갖춘 시민을 양성하기 위해 어린이와 청소년 교육에 눈을 돌린 지 이미 오래되었다. 전통적인 교육 과정 속에서도 부분적인 소비 교육이 이루어지고 있지만, 소비를 독립적인 과목으로 분리해 집중적으로 교육하기 시작한 것은 최근의 일이다. 특히 경제적이고 합리적인 소비 능력을 갖춘 시민을 양성하기 위한 학교 교육이 바이에른 주 실업 학교인 레알슐레에서 본격적으로 시작되었다.

바이에른 주 교육부는 학교를 통한 소비 교육으로 미래의 합리적 소비자를 양성해야 한다는 주 정부의 지침 아래 지난 2009년부터 '경제적 소비'를 교육 과정에 정착시키기 위해 구체적인 방법론을 연구하기 시작했다. 그 후 소비자 교육은 2010년부터 2년 동안 바이에른 주 18개 학교에서 성공적으로 시범 운영되었다.

합리적 소비 교육을 위한 공식적인 학과목 이름은 '페어브라우헤프로피(Verbraucherprofi)', 즉 '프로 소비자'란 뜻이다. 교육 과정은 기초 과정인 7·8학년 단계와 전문 과정인 9·10학년, 두 단계로 나누어 체험 학습을 포함한 블록 수업 형태로 진행하며 슈퍼마켓이나 은행 등 현장 실습이 다양하게 포함되어 있다.

페어브라우헤프로피 기초 과정 커리큘럼은 1년 동안 1주일에 1시간씩 경제, 소비, 미디어, 영양과 건강 등 4개의 큰 영역으로 나뉜다. 4개 영역의 세부 내용인 성숙한 소비자가 되기 위해 갖추어야 할 다양한 주제가 포함된다.

이 외에도 인생에서 첫 경험일 수 있는 지로 통장 개설을 위해 필요한 지식을 숙지하고, 전문 포털 사이트를 이용해 이자와 비용 등을 비교한 후 자신에게 가장 적절한 은행을 찾아 통장을 만드는 방법을 알아본다. 이와 더불어 은행 창구 이용하기와 현금인출기 사용법 등을 은행 체험 학습을 통해 현장에서 직접 경험하고 배운다.

교육 평가는 전 과정을 마치고 마지막 시간에 이루어지는 인터넷 시험을 통해 이루어진다. 이 시험에 통과한 학생에게는 바이에른 주 문화교육부와 소비자보호부 등 관련 기관이 공동으로 인정하는 타일나메베슈테티궁(Teilnahmebestätigung)이란 수료증을 수여한다. 수료증을 이수한 학생은 비로소 바이에른 주가 인정하는 '프로 소비자'가 될 수 있다.

개구리헤엄부터 배우는 생존 수영 교육
41

채 피어나지도 못한 생명들을 한순간에 앗아가버린 세월호 침몰 사고가 일어나자 한국 사회는 어처구니없는 대형 참사 앞에서 긴 시간 좌절에 빠졌다. 그러나 손 놓고 비탄에 젖어 있을 수만은 없는 일이기에 그사이 교육계에서는 수학여행에 대한 다양한 의견이 개진되었고, 수상 안전사고 예방을 위한 대안이 거론되기도 했다.

마침내 대비책으로 등장한 생존 수영. 최근 많은 학교가 생존 수영 교육을 시작했다고 한다. 그러나 과연 한국식 생존 수영이 수난 사고에 당면했을 때 효과가 있을지에 대해서는 진지한 논의가 더 이루어져야 할지도 모른다.

독일은 8200만 인구에 전국적으로 실외, 실내 합쳐 7040개의 수영장이 있다. 인구 11700명당 1개의 수영장을 운영하고 있다는 얘기다. 독일에서 수영장은 훌륭한 놀이 공간이자, 체력을 단련하는 스포츠 센터이자, 학교 교육을 위한 공공 시설이기도 하다.

익사 사고를 막기 위한 필요 조건은 수영이다. 부력을 이용한 오래 버티기와 부유물 만들기 등의 연습으로 12시간밖에 되지 않는 교육 시간을 허비하기에는 너무나 아깝다. 부유물을 만들고 구명조끼를 입는 방법도 수난 사고 시 생존에 물론 도움이 되겠지만, 부유물 없이 물에 떠야 생존율을 높일 수 있다는 것은 당연한 이치다.

비록 많지는 않지만 12시간만 알차게 연습하면 충분히 자유롭게 호흡하며 부유물 없이 물에 떠서 버티는 수영을 배울 수 있다.

실제로 독일에서 초등학교 2~3학년 정도에 시작하는 최초의 수영 교육은 일주일에 2시간이다. 결강도 많고 짧은 2주간의 방학도 많은 독일 학교에서 한 학기당 평균 수영 수업 시간은 20시간 정도라고 볼 수 있다.

그런데 특별한 경우를 제외하고 10시간가량의 수업을 진행할 즈음이면 90퍼센트 이상의 아이들이 수영을 할 수 있게 된다. 그것도 호흡이 자유롭고 원하는 방향으로 자연스럽게 움직일 수 있는 데다 운동량도 많지 않아 쉽게 지치지 않는 수영을 말이다. 바로 개구리헤엄이다. 당연히 온전히 10시간을 물속에서 수영만 배웠을 때의 경우다. 이론은 완벽하게 물에 뜨는 훈련이 끝난 다음 정식 영법을 배우면서 약간 추가된다.

독일에서 초보자에게 가장 먼저 가르치는 수영법은 평영이다. 그러나 정확히 평영의 정석은 아니고 우리가 흔히 말하는 개구리헤엄이다. 25미터를 쉬지 않고 완주해야 하는 초보자 수영 테스트인 제페르드헨

(Seepferdchen)은 대부분의 참여자가 가장 쉬운 영법인 평영, 즉 개구리헤엄으로 한다. 머리를 물 밖에 내놓고 가슴의 부력을 이용해 물에 뜨면서 손발을 움직여 서서히 이동하는 수영이다. 머리를 물 밖에 내놓기 때문에 정상적인 평영이나 자유형처럼 속도를 낼 수는 없지만, 시간 제한 없이 25미터나 50미터 정도를 가는 데는 크게 무리가 없다. 개구리헤엄만 익숙하면 에너지 소모량도 적기 때문에 위급한 상황이 오면 물속에서 어느 정도 버틸 수 있다.

물론 좀 더 높은 단계의 테스트에 합격하려면 250미터, 400미터, 600미터 일정한 시간 안에 완주해야 하기 때문에 속도를 내기 위해 당연히 자유형이나 평영 등을 숙지해야 한다.

보통 초등학교 2~3학년부터 시작하는 수영 수업은 8~9학년까지 4~5학기 정도 나누어 계속된다. 정확하게 끝나는 학년이 정해진 게 아니라 수영 수업의 마지막 단계인 인명 구조를 배우고 시험에 합격해 자격증을 받아야 종료된다. 독일 수영 교육은 자치주마다 다르고, 수영 시간도 학교마다 약간씩 차이가 난다. 그러나 많은 주에서 학교에 다니는 동안 제페르드헨(Seepferdchen), 브론체(bronze), 질버(silber), 골드(gold, 인명 구조 요원)까지 4단계 과정의 코스를 가르치고 자격증을 수여한다.

학교에서 배우는
실생활 교육
42

한국에서 교육받은 부모가 독일 학교에 자녀를 보낼 때 가장 새로운 부분은 현실과 밀접한 교육일 것이다. 지식을 책 속에만 머물러 있게 하지 않고 실생활과 접목시키는 데 교육의 많은 부분을 할애하고 있다는 점이 한국과 많이 다르다. 그러나 이런 독일에서도 생활에 실질적 도움을 줄 수 없는 학교 교육이 과연 올바른 교육인가에 관한 논의가 끊이지 않고 있다.

최근엔 많은 학교에서 10학년(고등학교 1학년) 학생들을 대상으로 실생활에 직접적으로 필요한 교육을 따로 과목을 만들어 시행하고 있다.

어떤 보험이 내게 반드시 필요한가?

어떤 종류의 은행 계좌를 개설해야 편하고 싼 이자로 이용할 수 있을까?

불필요한 계약을 해지하려면 어떤 절차를 밟아야 할까?

평범한 교육 과정을 이수한 사람은 학교를 졸업할 때까지 이런 종류의 시험 문제를 풀어본 경험이 거의 없을 것이다. 학교를 졸업하고 사회에 나갈 때 수학이나 영어보다 더 필요한 지식이지만 학교에서는 가르치지 않는다. 독일도 마찬가지다. 교사의 개인적 관심사로 수업 시간에 간단히 언급하는 경우는 더러 있지만, 체계적으로 실생활과 관련한 지식을 교육하는 학과목은 없었다.

이런 점에 착안해 2015년 11월부터 2016년 4월까지 100여 개 학교가 동시에 필수 생활 교육을 시작했다. 스티프퉁 바렌테스트(Stiftung Warentest, 재단법인 상품테스트)에서 개발한 '피난츠테스트 마흐트 슐레(Finanztest macht Schule)'라는 프로젝트 수업이 바로 그것이다. 피난츠테스트 마흐트 슐레는 '재정 테스트를 학교가 한다'는 뜻으로 '생활 경제 교육을 학교에서 한다'란 의미로 의역할 수 있다.

이 같은 생활 교육 움직임이 본격적으로 일기 시작한 것은 독일 사회를 떠들썩하게 한 논쟁 때문이다. 한동안 독일 사회는 무명의 17세 소녀가 쓴 트위터 포스트로 인해 주 교육부 장관은 물론 각계의 교육 전문가와 연방 교육부 장관까지 가세한 격렬한 교육 논쟁이 벌어졌다.

당시 아비투어(Abitur, 독일 수능 시험)를 앞두고 있던 나이나라는 이 학생은 아비투어가 끝나면 프라이빌리게 조치알레 야(Freiwillige Soziale Jahr)라는 자발적 사회 봉사 활동을 위해 부모 곁을 떠나 독립해야 했다. 그러나 나이나는 집을 어떻게 구하는지, 보험을 해결하기 위해서는 무엇이 필요한지, 매달 지급되는 킨더겔트(Kindergeld, 어린이 양육비)는 앞으로 어떻게 처리되는지 아무것도 완벽하게 알고 있는 지식이 없다는 사실에 허탈했다.

"난 이제 거의 18세가 되었지만 세금이나 집세 혹은 보험에 대해 전혀 모른다. 그러나 4개국 언어로 시를 분석하는 데는 능하다."

나이나가 실생활과 거리가 먼 학교 교육에 대한 불만을 이 두 문장에 담아 트위터에 포스팅한 후, 수많은 트위터리언의 리트윗을 시작으로 독일은 한동안 때 아닌 교육 논쟁으로 뜨겁게 달아올랐다.

재단법인 바렌테스트의 프로젝트 수업 '피난츠테스트 마흐트 슐레'는 소비자가 이용하는 모든 상품에 대한 상식과 생활 경제 교육을 통해 학생들로 하여금 비판적 소비를 지향하게 하고 경제적 결정 능력을 함양시키기 위한 교육이다.

구체적 교육 내용을 보면 생활에 필요한 각종 세금과 통계, 분석 등을 이해하고 평가할 수 있는 능력을 키우면서 은행 계좌나 보험 등을 계약할 때 자신에게 적합한 상품을 비교·선택할 수 있는 자질을 함양한다. 또한 온라인 쇼핑이나 소비자 권리, 회원 카드, 자동차 보험, 건강 보험, 세금과 권리, 금융 투자법, 노후 대책을 위한 부동산 관리 및 분석, 주택과 월세, 식생활, 여가 활동, 재산 관리 등도 교육 과정에 포함되어 있다.

프로젝트에 참여하는 교사들은 수업 환경 설계를 위해 2일 동안의 특별 연수를 받고 재단에서 지원하는 다양한 교재를 지원받는다. 또한 참여 학급의 학습자와 교사 모두는 교과 과정에 참고할 수 있도록 바렌테스트에서 발행하는 교재용 정기 간행물을 무료로 받아볼 수 있다.

독일의 성공한 복식 학급
43

　독일에서는 '복식 학급'이 사회성 발달과 수준별 개별 학습에 유용한 교육 모델로 떠오르고 있다.
　최근 바이에른 주 교육부는 지난 2010년부터 초등학교에서 시작한 플렉시벨 그룬트슐레(Flexibel Grundschule, 복식 학급 프로젝트)가 성공적이라는 평가를 내놨다. 이어 2016학년도 9월 신학기부터는 기존 188개 시범 학교에서 28개교를 추가로 확대 운영한다는 계획을 발표했다.
　헤센 주 프랑크푸르트의 초등학교 뢰메르슈타트슐레(Römerstadtschule)는 지난 2014년 복식 학급 모델 프로젝트를 성공시킨 공로를 인정받아 최고 권위의 '독일교육상'을 수상하기도 했다. 이를 계기로 헤센 주는 기존 100여 개 학교에서 시행하던 복식 학급을 200개교로 확대 운영하고 있다.

이처럼 독일은 야강스위버그라이펜데 클라센(jahrgangsubergreifende klassen)이라는 복식 학급이 미래 지향적 교육 콘셉트로 각광받으며 유행처럼 번지고 있다. 독일 복식 학급은 중등학교에서도 드물게 시행하고 있지만 대부분 초등학교 과정에서 운영된다. 4년제인 초등학교 과정에서 2개 학년을 복식으로 운영하거나 1학년부터 4학년까지를 모두 한 학급에 편성하기도 한다. 이 같은 복식 학급은 아직 하나의 완성된 교육 제도로 정착하지 못했지만 성공적인 학급 모델이라는 평가가 점점 우세해지고 있다. 이에 따라 대부분의 주에서 시범 학교 프로젝트를 운영하고 있으며 교육 효과에 대해서도 활발한 논의가 진행 중이다.

사실 독일에서 복식 학급을 처음 운영한 시기는 1960~1970년대다. 이 시대 독일의 복식 학급은 단순히 학교 시설과 교사가 부족한 상태에서 대안으로 운영되었다. 따라서 복식 학급은 열악한 교육 환경의 상징처럼 여겨졌다. 이 시기에 유년기를 보낸 학부모나 노인 세대가 복식 학급 프로젝트를 처음 논의할 당시 적지 않은 반대와 비판을 한 것도 그런 이유에서다.

그러나 최근 제시된 복식 학급은 새로운 교육적 효과를 나타내 주목을 받기 시작했다. 또한 성공적인 복식 학급 운영 사례가 속속 드러남에 따라 주 교육부들은 각자의 실정에 맞는 프로그램을 개발해 다양한 방법으로 시도하는 중이다.

현재 독일 교육학자들은 복식 학급의 가장 중요한 교육적 효과로 현대 아동에게 가장 부족한 사회성 발달을 꼽고 있다. 복식 학급에서는 보통 먼저 입학한 고학년과 새로 들어온 하급생이 1:1로 자매 결연을 맺는다. 서로 짝이 돼 옆자리에 앉아 수업을 받는데 이때 상급 학년은 저학년의 학습과 생활에 대해 책임감 있는 조언을 하고 도움을 준다. 따라서 형제자매가 없는 학생들이 교실 내에서 선후배 관계를 경험함으로써 타인에 대한 이해를 높이고, 인간 관계로 인한 갈등을 생산적으로 해결하는 지혜를 습득할 수 있다는 설명이다.

또한 연령이 같다는 이유만으로 학생 개인의 수준은 무시한 채 수업하는 기존의 집단 학습 문제를 복식 학급을 통해 극복할 수 있다고 주장한다. 복식 학급을 동료 학생이 교사를 대신해 서로 가르쳐주고 배울 수 있는 시스템으로 운영해 개별 학습 효과를 극대화시킨다는 것이다. 또한 토의와 토론을 통한 그룹별 학습이 이뤄지면서 미래 사회가 요구하는 소통과 협력을 배울 수 있다는 평가도 나온다. 이런 이유로 복식 학급에 대한 주 교육부들의 관심과 지원은 점차 확대될 전망이다.

방학 티켓 하나로 어디서든
44

독일 학생들에게 방학이란 일체의 공부에서 해방되는 시간이자, 가족과 함께든 친구와 함께든 여행을 떠나거나 여가를 즐기는 기간이다.

특히 여름 방학과 휴가는 자동적으로 함께 연상될 정도로 많은 학생들이 가족여행을 떠난다. 어떤 사람들은 여행 경비를 절약하기 위해 방학 며칠 전에 항공권을 예약하거나 개학 며칠 후에 돌아와서 종종 학교와 마찰을 빚기도 한다. 자녀의 학교 결석 유무보다는 즐거운 가족 휴가를 우선으로 생각하는 부모가 있을 정도로 독일인은 휴가에 열광한다.

그러나 많은 학생이 여행을 간다는 것이지 모든 청소년이 이와 같은 혜택을 누릴 수 있는 것은 아니다. 부모의 경제력이 뒷받침되어야만 친구들과의 여행이든 가족이 함께하는 휴가든 즐길 수 있기 때문이다.

독일에서도 가난한 부모를 둔 학생에게 여유 있는 휴가란 꿈 같은 이야기일 수 있다. 독일인 5명 중 한 사람은 여름 휴가 기간 동안에도 여행을 떠나지 않는다고 한다. 이유는 건강이나 여행에 대한 개인의 선호도 등 여러 가지가 있겠지만 역시 경제적 배경 때문인 경우가 적지 않을 것이다.

또한 방학 때 여행을 떠나는 가족이라도 전체 방학 기간 동안을 집밖에서 보낼 정도의 시간적·경제적 여유가 없는 게 보통이다. 그 때문에 방학을 하면 휴가 떠나기 전이라든지 혹은 다녀와서 개학까지의 시간 동안 맞벌이 부부에게 자녀를 보살피는 일은 커다란 부담이다. 경제적으로든 시간적으로 든 긴 방학과 직장 휴가를 함께 조율한다는 게 현실적으로 불가능하기 때문이다.

이런 점을 감안해 독일에서는 학생들이 방학 기간 동안 홀로 방치되지 않도록 각 지자체 산하 기관이나 교육 기관에서 다양한 프로그램을 운영한다. 아무리 빈곤층이라 할지라도 부모든 아이든 약간만 관심을 기울이면, 비용을 지불하지 않고 방학 기간 동안 매일매일 알차고 뜻깊은 시간을 보낼 수 있다.

특히 방학 동안 사용할 수 있는 티켓을 발급하는 페리엔파스(ferienpass) 제도를 각 지자체나 소단위 도시별로 활발하게 운영한다. 이 방학 티켓은 도시마다 약간씩 다른 방식으로 운영하지만, 대부분 18세 미만의 청소년이 5~20유로를 내고 티켓을 사면 방학 기간 동안 교통비부터 스포츠나 놀이 시설을 이용할 때 무료 혹은 할인 혜택을 받을 수 있다. 아울러 지자체 산하 기관과 관련 단체에서 주관하는 다양한 방학 프로그램이나 야유회 등에 참여할 수 있다.

또한 하르츠피어(Hartz IV)라 일컫는 극빈자 가정이나 시로부터 집세를 보조받는 저소득층 가정의 자녀, 이주 난민 2세들은 무료로 방학 티켓을 발급받을 수도 있다. 특히 페리엔파스는 돌봐야 할 자녀가 많은 가정에 큰 도움을 준다.

미처 방학 티켓을 신청하지 못한 학생이나 정보에 어두운 외국인 2세들을 위해서는 티켓이 없이도 바로 현장에서 신청하고 참여할 수 있도록 배려하기도 한다.

마인츠(Mainz) 시의 경우는 6유로를 내고 방학 티켓을 사면 여름 방학 기간 동안 시내의 각 수영장이나 동물원, 스포츠 시설, 놀이 시설, 박물관 등 450여 개 공공 시설과 놀이 공간을 무료로 이용할 수 있다.

보훔(Bochum) 시는 10유로를 내고 페리엔파스를 구입하면 시에서 주관하는 모든 프로그램에 무료로 참여할 수 있다. 또한 18세 미만의 청소년뿐만 아니라 18세가 넘더라도 21세까지 학교에 다니고 있거나 실업자인 경우에는 혜택이 주어진다. 보훔 시에서는 여름 방학에 동화 연극과 미술 수업, 문화 수업, 승마, 다이빙, 댄스, 수상 스포츠 등 다양한 여가 활동 프로그램은 물론 성적이 부진한 학생들을 위해 무료 과외 코스도 운영한다.

페리엔파스는 바덴뷔텐베르크 주에서는 11.50유로, 카를스루에(Karlsruhe)는 20유로로 지자체마다 자율적으로 운영하되기 때문에 가격도 차이가 나고 이용 범위도 약간씩 다르다.

독일의 6학년 성교육,
"남자와 잤어요."
45

독일도 물론이지만 한국에서도 청소년의 성은 갈수록 개방되고 있다. 그렇다면 성교육의 현주소는 어디까지 와 있을까? 성기 명칭이나 나열하고 생리 주기나 가르치며 순결을 강조하는 구태의연한 성교육은 이제 변해야 한다.

독일 학교에서는 11세의 초등학교 6학년 아이들에게 콘돔 사용법을 가르치고 '이성 친구와 성관계할 때는 어떻게 준비해야 할까?'라는 주제로 토론 수업을 하기도 한다. 11세는 사춘기에 접어들기 직전의 나이다. 아직 성에 본격적으로 눈을 뜬 건 아니지만 궁금증도 많고 사춘기가 되면 사고로 이어질 가능성을 내재하고 있기 때문에, 이때의 성교육은 사춘기를 대비하는 예방 교육에 비중을 둔다.

독일은 10대의 성을 터부시하는 나라가 아니다. 어떤 성교육 자료에도 청소년기의 성관계에 대한 부정적 서술이나 금기시하는 내용은 없다. 성

경험이 부족한 청소년들이 어떻게 하면 이로 인한 에이즈 등의 질병 또는 원하지 않는 임신으로부터 안전할 수 있을지에 대한 교육이 핵심이다.

아래는 독일 학교 6학년 성교육 시간에 나누어준 내용이다. 텍스트를 읽은 후 아래 네 문제에 대답하고 토론해보는 형식의 수업이다.

"난 지금 너무 힘들다. 내가 무슨 일을 저지른 건지 모르겠다. 정말 뭔가 단단히 잘못된 것 같다. 모르는 남자아이의 집에 가서 그와 섹스를 했다. 난 술에 완전히 취했고 첫 경험이었다.

디스코 클럽에서 친구가 자기 남자 친구와 잔 이야기를 해주었다. 그녀는 내가 숫처녀라며 놀렸다. 나는 너무 화가 났고, 질투심에 불탄 나머지 알지도 못하는 남자와 잠을 잔 것이다.

도대체 무슨 일이 일어난 것인지, 피임은 한 건지 정확히 기억나지 않는다. 그 아이가 피임에 대해 알아서 준비할 거라고 생각했지만 그렇지 못했다. 난 지금 임신을 한 건 아닌지, 혹은 이름 모를 어떤 병에 감염된 건 아닌지 불안하다. 그 아이의 이름도 모른다. 엄마에게 이 일을 말해야 할까? 내가 정말 잘못했다는 생각이 든다."

[과제] 1. 수지는 왜 디스코 클럽에서 만난 남자아이와 잠을 잤는지 설명해보자. 2. 이제 수지는 어떻게 해야 할까. 수지에게 편지로 짧게 대답해보자. 3. 표를 분석하고 피임 없이 관계하지 않으려면 어떻게 해야 하는지 생각해보자. 4. 자신의 생각을 친구들과 토론해보자.

모양만 갖춘 형식적 교육이 아닌, 놀라울 정도로 진짜 성을 가르치는 수업이다. 이들의 성교육에는 순결이란 없다. 청소년기에 성관계를 금지시키기 위한 교육이 아니다. 성은 신체가 성숙하면서 자연스럽게 일어날 수 있는 인간의 육체적 교감의 하나라고 가르친다. 아울러 그러한 감정을 억누르고 참는 방법이 아니라 책임감과 행동 요령을 가르친다.

노르트라인베스트팔렌 주의 학생들은 학교에 다니는 동안 세 번의 성교육을 받는다. 성교육은 국민 공통 교육 과정에 포함되어 있는 필수 과목이다. 초등학교에서는 자흐운터리히트(Sachunterricht)라는 사회와 과학이 통합된 과목의 한 부분에 포함되어 있고, 김나지움과 레알슐레 등에서는 5~6학년 생물 시간과 8~9학년 생물 시간에 한다.

사회와 과학 과목은 블록 수업 형태로 진행하기 때문에 성교육도 생물 과목의 한 부분에 포함되어 있으면서 독립적이기도 하다. 한 번 배울 때마다 3분의 1학기에 걸쳐 일주일에 2시간씩 8~9주 정도의 분량이다.

또한 성교육은 교사의 교육관에 따라 범위와 정도가 달라지기도 한다. 아주 구체적으로 가르치는 선생님이 있는가 하면, 정신 교육을 더 많이 시키는 사람도 있다. 그러나 놀라울 정도로 현실적인 성 지식을 알려준다는 부분은 공통적이다.

노르트라인베스트팔렌 주 학교법은 성교육에 대해 다음과 같이 그 목적과 방법, 기준을 언급하고 있다.

"성교육은 그룬트게츠제(Grundgesetz, 독일 헌법)와 노르트라인베스트팔렌 주 지방자치법과 학교법, 학교 조례, 각 학교별 지도 계획서에 명시되어 있는 것처럼 인간의 존엄성과 자기 발전을 위해 필요한 교육이다. 나이에 따른 적절한 교육을 통해 청소년에게 성에 관한 생물학적 · 사회문화적 ·

도덕적 의문에 대한 궁금증을 풀어주고 믿음을 심어주기 위한 수업이다.

성교육을 통해 청소년에게 사회 관습적 성의 기준을 강요해서는 안 된다. 성교육에서 가장 중요한 것은 성에 대한 책임감과 올바른 판단력을 심어주고 성적 대상으로부터 무시, 경멸, 성적 이용이나 성폭력에 대응할 수 있는 예방 교육이다.

특히 성교육은 성적 취향과 정체성, 성관계 및 성생활 등에 대해 누구나 인정받을 권리가 있다는 전제하에 이루어져야 한다. 학문적으로 인간의 섹스는 방법적인 면에서 다양하다는 것이 입증되어 있다. 개인의 성적 정체성의 차이일 뿐 옳고 그름으로 기준을 정해두고 교육해서는 안 된다."

수학여행
전문 여행지 '슐란트하임'
46

주별로 약간씩 차이가 있지만 대체적으로 독일 학생들은 초등학교 3~4학년부터 클라센파르트(Klassenfahrt)란 수학여행을 떠나기 시작한다. 슐파르트(Schulfahrt)라고도 부르는 이 클라센파르트는 학교 교육의 연장선상에서 이루어지는 체험 교육이다.

짧게는 1박 2일에서 길게는 2~3주까지 이어지는 클라센파르트는 단순한 여행 목적도 있지만 스키 클라센파르트, 수상 스포츠 클라센파르트 등 학교에서 할 수 없는 다양한 스포츠 교육을 위한 프로그램으로 운영하기도 한다. 특히 스키나 수상 스포츠 클라센파르트는 사고 위험에 노출되어 있기 때문에 철저한 계획과 준비가 필요하다.

클라센파르트의 안전사고 방지를 위한 홍보와 교육에 앞장서는 기관은 독일 법정 사고보험사(DGUV: Deutsche Gesetzliche Unfallversicherung)다. 사고는 곧 보험사의 손실로 이어지므로 사고를 미연에 방지하는 일이야말로 중요한 영업의 일환이기도 하기 때문이다.

독일 학생들은 모두 이 보험에 가입되어 있다. DGUV는 클라센파르트 안전 교육과 홍보 시에 "안전사고를 미연에 방지하려면 장기간의 세심한 계획과 학부모와 교장, 교사, 학생 간의 긴밀한 관계 속에서 여행을 진행해야 한다"는 점을 가장 강조한다.

보통 독일에서는 계획 단계에서부터 학부모가 참여해 일정을 정하고 위험 요인을 함께 점검한다. 아울러 의사나 응급 처치 관련 직업에 종사하는 부모일 경우 클라센파르트에 동반하기도 한다.

클라센파르트 안전 관리 규정에 관한 바이에른 주의 예를 들면, 지난 2010년부터 모든 학교 및 학급 여행에는 두 사람 이상의 인솔자가 동반해야 하며 그중 한 명은 교사여야 하고, 교사는 최종 책임의 의무가 있다. 또한 인솔자 중 한 명은 반드시 응급 처지에 익숙한 사람이어야 한다. 수영이나 카누 등 수상 스포츠를 위한 수학여행 시는 인솔자 중 최소 한 사람은 인명 구조 자격증을 소지해야 한다.

인솔자는 전체 수학여행 기간 동안 관리 감독의 의무가 있으며, 학교 조례와 청소년보호법을 준수하기 위해 주의를 기울임과 동시에 언행이 학생들에게 모범을 보여야 한다. 초등학교 4학년 이상부터는 남학생과 여학생이 함께 여행을 떠날 경우 최소한 한 명의 남자 인솔자와 한 명의 여자 인솔자가 복수로 동반해야 한다.

독일 수학여행에서도 크고 작은 사고가 끊이지 않고 발생하지만 근래 들어 대형 참사는 찾아볼 수 없다. 수학여행을 위한 철저한 안전 관리와 준비의 결과이기도 하겠지만, 부정부패에 익숙하지 않은 이 사회의 안전 시스템이 제대로 작동하고 있기 때문일 것이다.

독일에서 가장 안전하면서도 저렴한 수학여행지는 슐란트하임(Schullandheim)이다. 수학여행만을 전문으로 취급하는 숙박 시설이다. 독일 학생들은 10~12년 동안의 학창 시절 동안 한 번 이상은 수학여행을 슐란트하임으로 떠난다. 짧게는 1박 2일에서 길게는 2~3주까지 이어지는 경우도 있다. 전국에 산재해 있는 400여 개의 슐란트하임은 1년에 약 120만 명의 학생에게 숙박은 물론 다양한 여가 활동과 교외 학습 프로그램을 구비한 여행지를 제공한다.

19세기 말, 독일인들은 인간성 회복을 위해 자연과 가까이 하는 교육이 중요하다는 사실에 공감대를 형성했다. 그들은 삭막한 도심을 벗어난 자연에 학교 부속 건물 형태의 제2의 학교를 건설하기 시작했다. 당시 '슐란트하임 운동'으로 일컬을 정도로 슐란트하임 건설은 교육계에 붐을 이루었다.

자발적인 운동으로 시작한 슐란트하임은 제2차 세계대전 후부터 연합회를 결성하고 조직화해 오늘에 이르렀다.

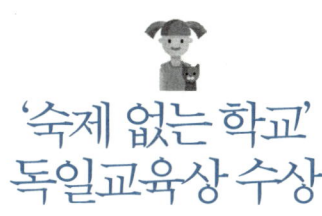

'숙제 없는 학교'
독일교육상 수상
47

　숙제 없는 학교로 유명한 부퍼탈 시의 바르멘 게잠트슐레(Barmen gesamtschule)가 독일에서 가장 명예로운 교육상인 '독일 학교상'을 수상했다. 바르멘 게잠트슐레는 지난 20년 동안 숙제를 폐지한 것 외에도 학교 수업 시간을 45분에서 65분으로 변경했다. 숙제를 가정으로 가져가지 않고 학교 수업으로 모든 학습을 마칠 수 있는 여건을 마련한 것이다.

　독일에서 숙제 폐지는 오래된 논란거리였으나 바르멘 게잠트슐레가 '독일 학교상'을 수상하면서 또다시 숙제 없는 학교에 대한 관심이 부활하고 있다.

　독일의 많은 교육 연구 기관이나 교육학자, 교육자들이 학교 숙제의 교육적 효과에 대해 조사한 바에 의하면 '숙제의 교육적 효과는 제로'다.

　숙제는 독일 제도권 교육에 도입된 이후 500년이란 세월 동안 교육의 중요한 부분을 점유해왔다. 그러나 숙제의 교육적 효과에 대해서는 끊임

없이 의문이 제기되어왔다.

1904년 심리학자 에른스트 모이만(Ernst Meumann)은 "숙제는 학교 수업 시간 내에 이루어져야 할 교육"이라며 숙제의 불필요성을 일찍이 강조한 바 있다.

그 후 1958년에는 교육학자 베른하르트 비트만(Bernhard Bittmann)에 의해 실험대 위에 올려지기도 했다. 비트만은 뒤스부르크(Duisburg) 소재 학교의 여러 학급에서 넉 달 동안 두 과목의 숙제를 내주지 않은 후 숙제를 내준 학급과 학습 효과를 비교했다. 이 실험을 통해 숙제를 내주지 않은 학급과 숙제를 내준 학급 학생들의 학습 향상 수준에 전혀 차이가 나지 않는다는 사실이 밝혀졌다. 비트만은 이 실험을 근거로 "숙제는 학생의 지식 향상과 학습의 완성도를 증가시키는 데 전혀 효과가 없는 제도"라며 숙제 폐지를 주장했다.

1980년대에는 숙제 폐지를 위한 구체적 움직임이 일어나기도 했다. 교사로 재직했던 힐마 슈벰머(Hilma Schwemer)는 숙제 폐지의 당위성을 실험을 통해 증명해 보이며 실제적으로 숙제 폐지를 위한 움직임을 이끌어냈으나 많은 교육 현장의 교사와 학부모의 반대로 성사되지 못했다.

슈벰머는 여러 학년에서 450명의 학생에게 숙제를 내준 후 숙제를 마친 학생을 대상으로 다양한 질문에 대답하도록 했다. 슈벰머도 이 실험을 통해 숙제가 가족 갈등의 원인이 될 수 있다는 결론을 도출했다. 학교가 끝나고 가정으로 돌아간 오후 시간에는 충분한 휴식을 취하며 가족과 함께 보내야 함에도 숙제로 인해 부모는 학교의 연장선상에서 자녀에게 학습에 대한 부담을 주어야 하고 이로 인해 부모와 자녀 모두 스트레스를 받기 때문이다. 부모와 자식 간의 관계가 학생과 교사의 관계로 변형될 수도 있다는 것이다.

슈벰머는 또한 숙제는 사회적 불평등을 첨예화하는 도구라고 주장했다. 숙제를 도와줄 수 있는 지식층 부모와 그런 여건을 갖추지 못한 부모 간 격차가 학생에게로 이어질 수 있기 때문이다. 이처럼 당시 교육계를 떠들썩하게 했던 숙제 폐지 움직임은 부모들 스스로 숙제 때문에 받는 스트레스를 감수하고라도 학교의 보조 교사임을 자처하면서 일단락되었다. 독일 부모들이 자녀의 숙제에 부담을 갖는 이유는 아무리 경제력을 갖춘 가정이라도 과외와 학원 등 사교육이 일상화되어 있지 않기 때문이다.

1980년대 숙제 폐지 움직임은 일단락되었으나 숙제의 불필요성에 대한 연구와 문제 제기는 끊이지 않았다. 지난 2013년에도 사회학자 유타 알멘딩어(Jutta Allmendinger)가 학교 숙제의 폐지를 주장했다. 알멘딩어는 부모가 숙제를 도와줄 수 있는 능력을 갖춘 가정의 학생이 그렇지 못한 학생보다 성적이 좋은 이유를 들어 숙제가 사회적 불평등을 첨예화시키는 제도라고 다시 한 번 비판했다. 실제로 65퍼센트의 독일 부모가 규칙적으로 자녀의 숙제를 도와주고 있지만 겨우 14퍼센트만이 실제로 도움을 줄 수 있다고 한다. 아울러 그 14퍼센트의 부모조차 어쩔 수 없이 숙제를 도와주고 있기는 하지만 혹여 자녀의 학습에 대한 자립심에 문제가 생기지 않을까 걱정하고 있다고 한다.

이처럼 독일에서 숙제 폐지는 오랫동안 논란이 되었고 단위 학교 차원에서 과감히 폐지한 학교는 있었지만, 독일 연방 전체의 제도 개편으로는 이어지지 못했다. 학생은 물론 학부모도 숙제는 학생의 휴식권을 침해하고 그로 인해 오후 시간을 제대로 활용할 수 없다고 불평한다. 교사 또한 숙제 검사로 인해 귀중한 수업 시간을 할애해야 하기 때문에 학습 진도에 오히려 차질을 빚고 있다고 호소한다. 그럼에도 독일 학교에 여전히 숙제가 존재하는 이유는 폐지하면 나타날 수 있는 교육적 부작용을 더 우려하기 때문이다.

중고교의 심폐소생술 교육 의무화
48

 학교는 실생활에서 위기를 극복할 수 있는 지식을 학생들에게 얼마나 공급할 수 있을까. 자기 옆에서 심장마비로 죽어가는 친구나 가족을 바라보면서 그를 살리기 위해 아무것도 할 수 없다면 20년 넘는 세월 받은 교육은 과연 그 순간에 어떤 의미를 갖게 될까.
 눈앞에서 가족을 떠나보낸 후, 약간의 지식만으로도 그를 살릴 수 있었다는 사실을 뒤늦게 깨닫는다면 더욱 안타까울 것이다. 학창 시절 단 한 시간이라도 심폐소생술 교육을 받았다면 상황은 전혀 달라졌을지도 모른다. 이처럼 실제 인간의 삶 속에서 반드시 필요한 지식이야말로 학교가 등한시해서는 안 되는 교육이다.
 "김나지움에 재학 중인 13세의 한 학생이 함께 운동장에서 뛰어놀던 친구가 심장마비로 쓰러져 사경을 헤매자 심폐소생술을 시도했다. 잠시 후 달려온 구급 요원에 의해 친구는 병원으로 이송되었고 목숨을 건질 수 있었다. 응급 조치를 몇 분만 지체했어도 영원히 일어나지 못할 뻔했던 이 학생은 순간적인 심장 질환을 일으킨 것을 제외하고는 신체 건강한 소년이었다."

이는 실제로 독일 적십자(Deutsche Rote Kreuz)에서 심폐소생술 교육을 받은 13세 학생이 친구의 목숨을 구한 사례로 언론의 조명을 받은 사건이었다. 독일에서도 특별한 경우다.

이와 유사한 사례가 거듭되자 독일 사회는 심폐소생술을 제도권 교육에 도입해야 한다는 여론이 일기 시작했고, 의사와 학자 등 전문가들이 발 벗고 나서 정기 모임과 세미나 등을 통해 조직적이고 지속적으로 정부와 교육자를 상대로 홍보와 계몽 활동을 펼쳤다. 수십 년 동안 이어진 전문가들의 일관된 노력이 최근 뒤셀도르프에서 열린 독일 전체 교육부 장관 회의에서 결실을 보았다.

교육부 장관 회의의 결정에 따라 독일 학생들은 앞으로 7학년(중학교 1학년)부터 매년 2시간씩 체계적인 심폐소생술 교육을 받게 된다.

심장마비로 쓰러진 환자를 조사한 결과 60~70퍼센트는 모두 옆에서 지켜보는 사람들이 있는 상태였다고 한다. 많은 경우 자신의 집에서 일어나지만 가족 중 응급 조치를 취할 수 있는 사람이 없기 때문에 손을 쓰지 못한 채 구급 요원만 대책 없이 기다리는 게 현실이다. 그사이 환자는 가족이 지켜보는 가운데 숨을 거두거나 살아나더라도 반신불수가 되는 경우도 많다. 이러한 상황을 교육을 통해 충분히 변화시킬 수 있다는 것이 전문가들의 주장이다.

교육부 장관 회의가 개최되기 전인 2014년 1월, 바드볼이란 도시에서

52명의 의료인이 '1만 명의 생명을 위한 열 가지 주장'이란 제목으로 제도권 교육에서 심폐소생술이 이루어져야 하는 열 가지 이유와 그 당위성을 발표했었다. 이를 계기로 주 정부와 교육부에서 본격적인 논의를 시작했고 마침내 지난 회의에서 7학년부터 의무교육을 하기로 결정한 것이다.

독일은 심장마비가 전체 사망 원인 중 세 번째로 빈번하며 약 7만 5000명이 매년 심폐소생술을 받고 있다고 한다. 심장마비를 일으킬 경우 응급 요원이 도착하는 시간은 평균 8~12분 후이거나 경우에 따라서는 더 늦을 수도 있다. 사실 심장마비는 암이나 기타 불치병에 비해 치료 가능성이 높은 질환임에도 응급 요원의 부재로 순식간에 유명을 달리하는 경우가 비일비재하다.

교육부 장관 회의 결정 전부터 이미 심폐소생술을 교과 과정에 넣는 주가 계속 증가하고 있었다. 이에 따라 현재 심폐소생술을 교직원 연수 내용에 포함시키는 작업을 진행 중에 있는 주 역시 많다. 메클렌부르크포르포메른 주는 지난 5년 동안 4만 3000여 명의 학생들에게 심폐소생술 교육을 시키는 파일럿 프로젝트를 진행했다. 이는 대학 병원과 연계해 이루어진 교육 프로젝트로 학생들에게 시행하기 전에 교사 연수를 선행함으로써 교육 환경 조성을 위한 철저한 준비 과정을 거쳤다.

앞으로 정규 교육 과정에 들어가게 될 심폐소생술은 다음 세 단계의 내용으로 시작한다.

1. 숨소리를 확인한다. 흔들어도 반응이 없거나 움직이지 못하는지 혹은 정상적인 숨소리가 아닌지 확인한다.

2. 112에 전화한다.

3. 가슴을 누른다. 가슴 한가운데를 매우 강하고 빠르게 반복해서 누른다. 1분에 100번 정도 응급 요원이 도착할 때까지 멈추지 말고 계속한다.

이 세 단계 기본 과정의 실습과 함께 심장 마사지와 구강 호흡 등 인명 구조의 기본 과정을 교육받는다.

자전거 친화 학교
49

앞으로 독일에서는 '자전거 친화 학교'란 말을 자주 들을 수 있을 것 같다. 자전거 친화 학교란 그 용어가 주는 느낌처럼 자전거와 친하게 지내는 학교, 자전거를 많이 타는 학생과 선생님이 있는 학교라는 뜻이기도 하다.

'자전거 친화 학교'의 선발 주자는 바덴뷔텐베르크 주다. 바덴뷔텐베르크 주 문화교육부와 교통부가 연대해 자전거 타기를 더욱 일반화하고 활용도를 높이기 위한 사업을 진행하기 시작했다.

바덴뷔텐베르크 주는 지난 2009년부터 자전거연합회인 란데스뷘트니스 프로라트(Landesbündnis ProRad)를 결성해 자전거를 교통수단으로 대체하기 위한 다양한 활동과 홍보를 펼쳐왔다. 2015년부터 실시한 '자전거 친화 학교' 프로젝트는 란데스뷘트니스 프로라트의 적극적이고 새로운 사업의 일환이다. '자전거 친화 학교' 프로젝트의 목적은 환경 친화적이면서 청소년의 건강을 증진시킬 수 있는 자전거 타기를 중고등학교에 정착시키자는 데 있다.

그런데 자전거는 환경과 건강을 동시에 지킬 수 있는 이상적 운송 수단으로 독일에서는 이미 학생들의 등하교나 직장인의 출퇴근용으로 널리 애용되고 있다.

그 이유는 유년기부터 자연스럽게 교통수단으로 자전거를 애용할 수 있는 환경을 조성하고 있음은 물론, 학교 교육을 통해서도 얼마든지 동기를 부여받을 수 있을 정도로 체계적 교육이 이루어지고 있기 때문이다.

대부분의 주에서 초등학교 정규 수업 시간에 자전거에 필요한 교통 법규를 배우고 자전거 타기를 연습한다. 또한 교육이 끝나고 간단한 시험에 합격하면 '자전거 면허증'을 발급해주기도 한다.

초등학교에서의 자전거 교육은 실기와 함께 교통 법규를 익히는 수업을 철저히 선행한다. 자전거도 도로를 이용하는 운송 수단이니 운전 면허의 필기 시험 내용과 유사한 교통 법규를 아이들의 눈높이에서 알기 쉽게 가르친다. 충분한 이론 공부가 끝나야 거리로 나가 직접 자전거 타기를 배우고 연습할 수 있다.

대다수 독일 초등학교 연령의 아동에게 자전거 타기는 이미 부모로부터 배워 따로 교육이 필요 없을 정도로 익숙하다. 그러나 실제로 수업 시간에 처음 배우는 학생도 적지 않다. 익숙한 아이와 처음 타보는 아이까지 모두 함께 교육시키고 면허증까지 발급하는 이유는 자전거 교육이 '자전거를 얼마나 잘 탈 수 있는가'보다 '얼마나 교통 법규를 잘 숙지해서 안전하게 도로를 이용할 수 있는가'에 더 중점을 두고 있기 때문이다.

바덴뷔텐베르크 주는 이 정도의 학교 교육으로 자전거 활용 인구를 지금보다 더 늘리고 자전거를 교통수단으로 활성화하기에 역부족이라는 데 합의하고, 좀 더 능동적인 사업인 '자전거 친화 학교' 육성책을 발표했다.

프로젝트 출발에 앞서 빈프리트 헤르만(Winfried Hermann) 교통부 장관은 "더 많은 젊은 사람들이 자전거를 일상 생활의 교통수단으로 발견하길 바란다"며 자전거 친화 학교 육성 취지를 밝혔다.

란데스뷘트니스 프로라트는 주 문화교육부와 주 교통부의 지원을 받아 매년 '자전거 친화 학교'를 선정하고 그 학교에 증명서를 수여한다. 자전거 친화 학교로 선정되면 3년 동안 '자전거 친화 학교'란 이름으로 다양한 지원과 활동을 보장받을 수 있다.

바덴뷔텐베르크 주 문화교육부를 통해 자전거 친화 학교에 지원하려면 보통 학교와는 다른 아래와 같은 조건들을 구비하고 진행 상황을 상세히 기록한 서류를 준비해야 한다.

첫째, 학교에 체계적인 자전거 교육 프로그램이 있어야 함은 물론 자전거를 타고 등하교하는 학생들을 위한 편의 시설을 교내에 갖추고 있어야 한다.

둘째, 등굣길 안전을 보장해야 한다. 학교 주변 교통사고 위험 구역 등을 정비하고, 학교 수업을 통해 교통 안전 교육을 받도록 하는 등 위험 요소를 최대한 사전에 점검하고 제거하는 노력이 필요하다.

셋째, 학교 내에 도난 위험이 없고 비나 눈 등 악천후에도 견딜 수 있는 안전한 자전거 거치대를 반드시 설치해야 한다.

이 밖에도 자전거 여행, 자전거 프로젝트 주간, 자전거 이용 학생을 위한 전문 사물함 비치, 학부모의 자전거 타기 솔선수범(학부모 회의나 학교 행사에 자전거를 타고 가는 등), 교사의 출퇴근길 자전거 이용, 각 학년의 커리큘럼에 지속적으로 자전거 수업 도입 등의 항목을 최대한 현실적으로 준비하고 구비한 학교가 '자전거 친화 학교'로 선정될 수 있다.

중등학교부터 창업 교육 실시
50

성공 창업 교육, 성공 창업 맞춤 교육, 소자본 창업 아이디어 등 최근 한국은 중년 명퇴자들과 취업에 성공하지 못한 청년을 대상으로 활발한 창업 교육이 이루어지고 있다. 또한 인터넷만 열면 성공 창업을 위한 정보가 넘쳐난다. 그러나 통계청 자료에 의하면 10명의 창업자 중 생존자는 1~2명에 불과하고 8~9명은 폐업을 선택해야만 하는 것이 현실이다.

발등에 불이 떨어진 다음에야 시작하는 창업 교육, 너무 늦은 것은 아닌지 생각해보게 된다. 좀 더 이른 시기에 시작했더라면 더 많은 아이디어와 성공 확률을 높일 수 있을 텐데 말이다. 이에 반해 독일의 창업 교육은 학교에서부터 시작된다.

김나지움에 재학 중인 벤(Ben), 알리(Ali), 필리프(Philip) 세 친구는 페이스북을 통해 소프트웨어 회사를 창립했다. 회사 이름은 "벤알리프 소프트웨어 솔루션(BenAliP-Software Solution)". '벤알리프'는 세 친구의 이름에서 따온 것이다. 이들이 회사를 설립한 계기는 학교의 숙제 때문이었다. 전산 수업 한 학기 동안의 숙제가 창업이었던 것이다.

3명의 미래 IT 전문가들이 창립한 이 소프트웨어 회사에서 첫 번째로 내놓은 상품은 아비투어(독일 수능) 계산 프로그램이었다. 아비투어는 심화 과정, 기초 과정, 내신 성적 등으로 세분화되어 계산이 다소 복잡하다. 고학년이 되면 아비투어 성적에 대한 관심은 많아지지만 일일이 자기 선택 과목의 점수와 학점을 계산하는 것이 귀찮을 수도 있다. 이런 '귀차니즘'에 착안해 계산 프로그램을 시장에 내놓은 것이다. 1회 사용료는 2유로(약 2600원).

세 친구는 상품을 시장에 내놓았으나 생각보다 판매가 원활하지 않자 가격을 1유로로 50퍼센트 인하하는 정책을 써보기도 했다. 또 컴퓨터만 들여다보며 손님을 기다리지 않고 자신들이 다니는 학교뿐 아니라 타 학교까지 찾아가 전단지를 붙이거나 나누어주며 홍보를 시작했다.

이 세 학생이 창업한 '벤알리프 소프트웨어 솔루션'은 독일 창업 교육 프로젝트의 일환인 '미니 회사', 혹은 '학생 기업'이다. 이렇게 독일 학생들은 학생 기업을 통해 자신의 창의적 아이디어를 창업으로 현실화하는 기회를 가질 수 있다. 창업을 통해 학생들은 기본 경제 지식과 시장 경제 원리를 배운다. 또한 위기 대처 능력과 통솔력을 키움은 물론 책임감과 철저한 직업 정신을 통해 스스로의 능력에 대한 신뢰를 배가시킬 수 있다.

독일의 모든 주에서는 학생들의 창업 교육을 적극 지원한다. 그런데 그 창업이란 것이 학교 교실에서 이루어지는 이론과 사례 중심이 아닌 생산, 판매, 서비스 등 다양한 분야에서 실제적으로 수입을 창출하기 위한 것이다. 학생 기업인이 되는 과정은 창업 아이디어와 업종 선택, 초기 자본금 마련, 상품 가격과 비용 계산, 판매를 위한 비즈니스, 수입 분배 결정 등 성인이 창업하는 과정과 동일하다. 학생들이 직접 오너 및 동업자가 되어 창업하고, 이를 통해 생산한 상품이나 서비스를 시장에 내놓고 수입을 창출하는 것이다. 현실적으로 자금을 투자하는 사업이기 때문에 스스로의 능력 여하에 따라 수익을 낼 수도, 적자를 볼 수도, 단기간에 폐업할 수도 있다. 미니 회사의 유형은 다양하다. 극단을 만들어 수익을 낼 수도 있고 학생 카페, 웹 디자인, 혹은 여행사를 창업하는 학생도 있다. 또한 연령층도 12세부터 20세까지 폭넓게 참여한다.

독일의 학생 기업은 지난 1979년 미니 회사(Miniunternehmen)라는 이름의 직업 교육 프로그램의 일환으로 생겨났다. 1993년부터는 기존의 직업 교육 프로그램을 보강 및 수정해 학생 기업이란 이름으로 창업에 특히 초점을 맞추었다. 이때부터 각 주에서 활발히 프로그램을 개발하고 박람회 등을 통해 적극 홍보하면서 참여하는 학교도 꾸준히 증가했다.

작센 주는 학생 기업 지원 프로젝트에 응모한 참신한 학생 회사를 선발해 최대 1000유로까지 창업 자금을 지원하고 있다. 아울러 작센 주 교육부는 이를 위해 6만 5000유로의 예산을 확보했다.

대입과 취업을 동시에, 증가하는 이원제 대학
51

독일의 직업 교육인 아우스빌둥은 세계 많은 나라들이 부러워하는 이원제 직업 교육 제도다. 부러움으로 그치는 게 아니라 미국을 비롯해 스페인 등 많은 선진국에서 도입을 검토하고 있거나 이미 시행하고 있는 나라도 적지 않다.

10학년을 마치고 시작하는 아우스빌둥은 중세의 도제 제도에 뿌리를 두고 성장·발전한 독일의 전통적인 직업 교육 시스템이다.

그런데 최근 독일에서는 이 아우스빌둥 모델을 대학 교육에 도입한 두알레스 슈투디움(duales Studium)이 수험생들 사이에 관심을 끌고 있다. 대학을 졸업하고 취업하는 전통적 시스템이 아니라 대학 진학과 구직을 동시에 이룰 수 있는 이원제 대학 제도다.

대학에 따라 약간씩 차이가 있지만 보통 두알레스 슈투디움은 6학기의 학사 과정 중 3개월 단위로 강의와 실무 교육을 순환하면서 고급 전문 인력에 걸맞은 현장 실무 능력과 학문적 소양을 갖춘 인재를 양성하는 데 목적을 두고 있다.

대학에 원서를 내기 전 수험생은 자신을 받아줄 기업에 대한 정보를 수집하고 응모해서 대학 입학과 동시에 입사 시험에도 합격해야 한다.

두알레스 슈투디움은 기업과 대학이 연합해 기업에서는 실무 위주의 교육을 하고, 대학에서는 학문적 소양을 쌓게 된다. 이로써 기업은 질 높은 전문가 인력을 조기에 확보할 수 있고, 대학은 현장과 밀접한 관계 속에서 인재를 양성하는 장점이 있다. 현재 운영되는 이원제 대학은 대기업뿐만 아니라 중소기업에서도 인력 충원에 많은 도움을 받고 있다.

두알레스 슈투디움은 바덴뷔텐베르크 주에서 처음 시작한 이래 전국적으로 확대되어 현제 성공적인 대학 제도로 자리 잡았다.

1960년부터 1970년까지 독일은 전국적으로 새로운 교육 제도를 활발히 도입하고 수많은 새로운 학교를 설립했다. 이 시기에 아비투리엔트(Abiturient)라 일컫는 입시생이 급격히 증가해 대학과 전문대학에서는 이들을 수용하는 차원을 넘어 졸업 후의 진로에 대해서도 고민하지 않을 수 없었다. 또한 당시의 기업들 역시 증가하는 경제 규모에 걸맞은 전문화된 인력이 부족해 어려움을 겪는 상황이었다. 이러한 사회적 현상과 맞물려 기업과 대학이 윈윈할 수 있는 새로운 모델로 등장한 교육 제도가 이원화 대학이다.

이러한 사회적 요구에 가장 먼저 부응한 기업은 보쉬와 로렌즈 전기, 다임러 벤츠 등이었다. 처음으로 이 기업들과 연계해 이원제 대학 제도를 도입한 주는 바덴뷔텐베르크다. 바덴뷔텐베르크 주는 1972년 '슈투트가르터 모델(Stuttgarter Modell)'이란 이름으로 이원화 대학 콘셉트를 대외적으로 발표하고, 1974년 슈투트가르트와 만하임 대학에서 시범 운영을 시작했다. 그러자 수많은 입시생이 이들 대학에 몰려들었고 시범 운영 기간이 끝나기도 전에 바덴뷔텐베르크 주 지방의회를 통해 성공적인 교육 제도로 소개되면서 베를린 주와 튜링엔 주, 작센 주 등이 차례로 참여하면서 오늘에 이르렀다.

이렇게 출발한 두알레스 슈투디움은 특히 최근 10년 동안 급격한 성장을 보여 2006년부터 2011년 사이 50퍼센트 이상의 학과를 증설했으며 2014년까지 독일 전역의 대학에서 1500여 개의 학과를 설립했다. 이원제 대학 교육에 동참하는 기업 또한 빠른 속도로 증가해 2004년 1만 8000여 개 기업에서 2011년에는 4만여 개로 증가했고, 이원제 학과에 재학 중인 대학생은 2004년 4만여 명에서 2011년 6만 명으로 늘어났고 2014년에는 9만 5000명에 이르렀다.

미래 학교는 첨단 기술보다 가치관 교육에 중점

52

인공 지능을 장착한 로봇 교사, 첨단 설비를 갖춘 학교……. 미래의 학교 모습에 대한 이 같은 상상과 반대로 독일에서는 인권과 자연 친화적 형태로 미래 학교를 발전시키고 있다.

독일의 미래 학교 프로젝트는 UN이 지난 2005년부터 진행해온 지속 가능 발전 교육과 연관해 본격적으로 가동되고 있다. 그러나 미래 학교에 대한 관심은 그 이전인 1994년, 독일 연방의 기본법인 그룬트게제츠(Grundgesetz)가 미래 교육에 대한 국가의 책무를 명기하면서 시작됐다. 이 법적 근거를 토대로 미래 학교를 국가 차원의 목표 사업으로 채택한 것이다. 2000년부터 '프로그람스 21(Programms-21)'이나 '트란스퍼 21(Transfer-21)'이라는 이름 아래 대형 국가 프로젝트로 연구와 투자가 이뤄졌다.

독일 미래 학교는 최첨단 기기 설치 등 하드웨어적 측면보다는 미래 사

233

회에 대비한 가치관의 변화와 확립에 초점을 두고 있다. 환경 보호, 인권 존중, 사회 경제 정의, 문화의 다양성, 관용, 비폭력 문화 등을 존중하는 가치관 확립이 그것이다.

실제로 가장 활발하게 미래 학교 프로그램을 운영하고 있는 슐레스비히 홀슈타인 주에서는 환경, 자원, 폐기물 처리, 기후 변화, 인권, 전쟁과 평화, 난민, 예절, 종교 등의 주제로 교육 활동을 설정해야 미래 학교로 선정된다. 미래 학교 인증은 2년에 한 번씩 이뤄진다.

대표적인 미래 학교 사례로 꼽히는 하인리히 안드레센 게잠트슐레(Heinrich Andresen Gesamtschule) 역시 환경에 대한 남다른 관심으로 지난 2006년부터 10년 동안 미래 학교로 선정·운영됐다. 미래 지향적 교육 활동은 학교 안에 버려진 숲을 되살리고 폐기물을 처리하는 작업이 중심이다.

이 학교는 지난 1976년 당시 활발한 식수 작업으로 다양한 유실수를 심었으나 얼마 지나지 않아 관심에서 멀어지면서 잡초와 쓰레기 더미로 뒤덮인 공간으로 변했다. 수십 년 동안 방치되면서 나무들이 뒤엉켜 사람이 지나 다닐 수 없을 정도의 숲을 이뤄 학교의 골칫거리가 됐다.

하지만 미래 학교가 되면서 교사와 학생들은 학교 숲을 살리는 데 뜻을 모으고, 쓰레기를 치우며 틈나는 대로 잡초 제거 작업부터 하기 시작했다. 또 숲을 교정과 연결시키는 산책로를 새롭게 만들고 나무에 새집을 지었다. 이 같은 활동이 진행되면서 버려진 학교 숲은 이제 '녹색의 교실'로 부를 만큼 변모했다. 학교 숲은 현재 학생들의 야영장이나 미술 수업 장소로 이용되고 있다.

학교는 또 폐기물 처리에도 관심을 갖기 시작했다. 학생들은 가정에서 소비한 컴퓨터 프린터의 빈 잉크통, 건전지 등을 따로 모아 처리하고 쓰레기 분리 수거 작업에도 적극 나섰다. 이 같은 학생 중심의 자연 친화적 활동이 오랜 시간 미래 학교를 유지하는 비결이 됐다.

이처럼 독일에서는 미래 사회에 필요한 시민 의식을 고양하고 자연 친화적 생활 태도를 갖춰가도록 돕는 게 미래 교육이라는 인식이 높아지고 있다.

위기 상황
대처 교육
53

'만일 학교에서 테러가 일어난다면, 혹은 마약이나 왕따로 인한 심각한 위기 상황이나 자연 재해·화재 등이 발생한다면 교사는 가장 먼저 어떻게 대처해야 할 것인가.'

오늘날과 같은 불안한 시대 상황에는 교사라면 누구나 한 번쯤은 해보았을 법한 고민이다.

독일의 몇몇 주에서는 학교 내에서 발생할 수 있는 총기 사고나 마약, 왕따, 폭력 등 위기 상황에 대처하는 교사용 지도서, 곧 크리젠오르드너(Krisenordner)를 제작해 각 학교에 배포하고 있다.

독일을 포함한 전체 유럽 국가들은 현재 정치적·사회적으로 좀처럼 안정을 찾지 못하고 있다. 국민들은 언제 발생할지 모르는 테러의 위협에 불안해하고, 수많은 난민의 유입으로 사건 사고가 좀처럼 줄어들 기미를 보이지 않는다. 이제 유럽 사회는 자의든 타의든 변화를 모색해야만 한다.

학교도 예외는 아니다. 왕따와 학교 폭력 등 해결하기 쉽지 않은 문제들이 여전히 존재하는 상황에서 난민 2세들을 제도권 교육에 무리 없이 적응시켜야만 하는 또 하나의 과제에 골몰해야 한다.

특히 학교 내에서 발생할 수 있는 테러나 폭력, 자연 재해, 총기 난사, 화재 등 심각한 위기 상황에 대비하는 교육이 필요하다는 사회적 공감대가 형성되었고, 이를 구체적으로 실행하는 프로젝트가 크리젠오르드너라는 '위기 파일'이다.

'위기 파일'은 함부르크 주와 작센안할트 주 등 이미 활발하게 시행하고 있는 곳이 있는가 하면 현재 준비 단계에 있는 주들도 있다.

지난 2009년 이를 처음으로 도입한 함부르크 주는 120쪽 분량의 크리젠오르드너를 제작, 각 학교에 배포함으로써 체계적인 교육을 하고 있다.

크리젠오르드너의 주요 내용은 다음과 같다.

첫째, 위기 상황 대처 요령을 순서대로 숙지하는 6단계의 위기 플랜(Alarmplan) 교육이다.

1. 침착함을 잃지 않는다.
2. 신속한 응급 조치를 한다.
3. 인근의 안전한 장소로 이동한다. 특히 총기 난사 사고 같은 아목라우프(Amoklauf)의 경우 교사는 교실 문을 신속히 잠그고 위험을 피할 수 있는 장소로 학생들과 함께 대피한다.
4. 비상 전화를 걸었을 때는 본인의 이름을 밝히고 학교 주소, 무슨 일이 발생하고 있는지, 사건 장소, 부상자 수와 부상의 정도와 종류를 알린다.

5. 교장에게 보고한다.

6. 구호 차량이 도착할 수 있는 공간을 확보한다.

둘째, 위기 파일은 위기 상황이 종결된 후 교사가 수행해야 할 과제에 대해서도 언급한다. 사망 사고 발생 시 장례식은 어떻게 진행할 것인지, 또 사망한 학생의 생일이 돌아오면 어떻게 보낼 것인지, 사망 1주기 등 주기별 추모제에 대한 구체적 계획까지 교사의 역할이다.

셋째, 위기 파일은 전체 내용 중 많은 부분을 사망 사고 후 대처 방안에 할애한다. 살아남은 사람들이 친구나 동료의 죽음으로 인한 충격에서 벗어나는 방법과 정신적 충격의 당사자인 교사는 누구에게 도움을 요청해야 하는지에 대해서도 언급한다.

넷째, 언론을 대하는 교장과 교사의 행동 요령과 인터뷰 방법 등을 제시한다. 언론은 모든 위기 상황의 배경과 원인, 진행 상황, 결과 등을 사실적으로 보고할 의무가 있다는 점을 전제하고, 교장은 사고를 축소 왜곡하지 않고 투명하게 언론에 알리되 사고 당사자 개인의 인적 사항을 공개하거나 피의자를 추측해서는 안 된다고 강조한다.

이 밖에도 위기 파일에는 경찰서, 소방서, 병원, 청소년 응급 심리 치료소, 언론사 등 필요한 모든 전화번호와 담당자 정보가 수록되어 있다.

교육이 좋아지면

모든 곳이 좋아진다.

- 피히테(Fichte, 철학가)

규칙을 중시하고 독립심을 키우는
독일 엄마의 힘

1판 1쇄 발행 2017년 11월 20일
1판 2쇄 발행 2018년 10월 20일

지은이　박성숙
발행인　허윤형
펴낸곳　황소북스
주소　서울 마포구 합정동 381-16번지 KCC엠파이어리버 704호
전화　02 334 0173　**팩스** 02 334 0174
홈페이지　www.hwangsobooks.co.kr
인스타그램　@hwangsobooks
등록　2009년 3월 20일(신고번호 제 313-2009-54호)

ISBN 978-89-97092-84-0 (13590)

ⓒ 2017 박성숙

* 이 책은 황소북스가 저작권자와의 계약에 따라 발행한 것이므로
  본사의 서면 허락 없이는 어떠한 형태나 수단으로도 이 책의 내용을 이용하지 못합니다.
* 잘못된 책은 구입하신 서점에서 바꾸어 드립니다.
* 책값은 뒤표지에 있습니다.